Thomas Troßmann, geboren 1954 in München. Seit 1970 zahlreiche, teilweise mehrmonatige Reisen durch Europa, Amerika, Asien, vor allem aber Afrika. Studium der Geographie und Kommunikationswissenschaften. Jobs als Fotograf, Bühnentechniker, Statist, Stuntdouble und Reiseleiter. Er ist Mitarbeiter der Zeitschrift Motorradreisen/Tourenfahrer und hat neben zahlreichen Reportagen und Motorradtests auch ein Handbuch für Offroad-Motorradreisen sowie den in diesem Verlag erschienenen Band »Wüstenfahrer« geschrieben. 1986 gründete Thomas Troßmann seine »Wüstenfahrer Reise GmbH«, ein Unternehmen zur Durchführung organisierter Motorrad-Expeditionen durch die Sahara.

W0038879

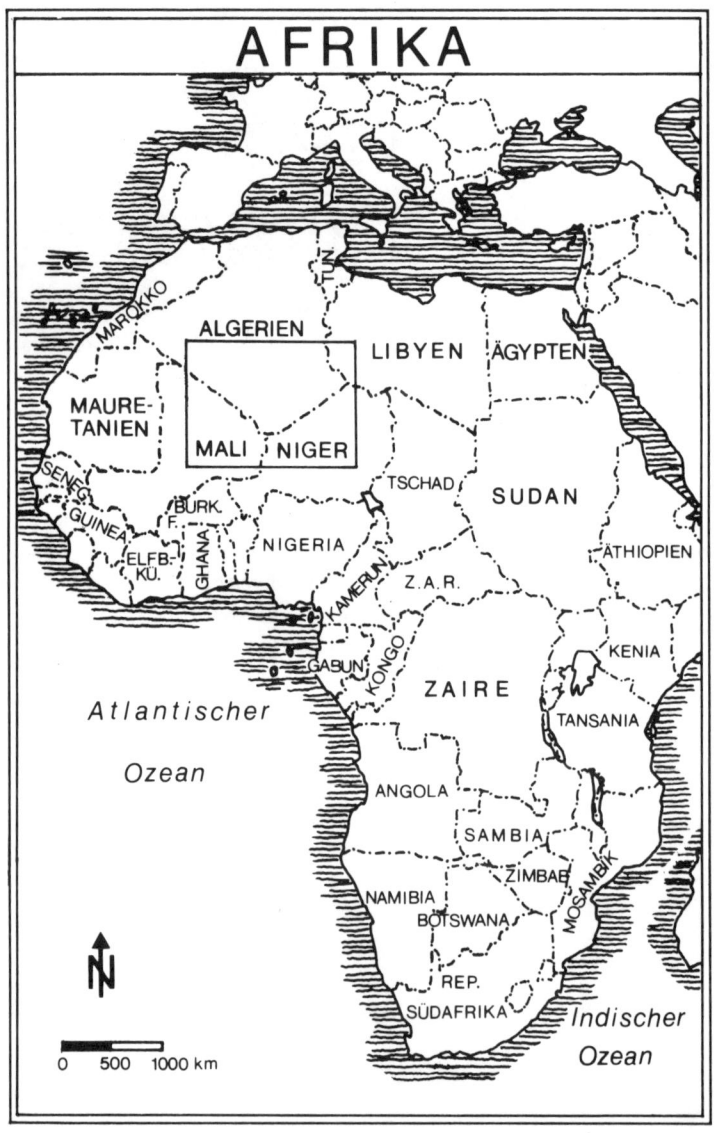

AFRIKA

MAROKKO

MAURE-
TANIEN

ALGERIEN   LIBYEN   ÄGYPTEN

MALI   NIGER

TSCHAD   SUDAN

SENEG.

GUINEA

BURK.
F.

NIGERIA

ÄTHIOPIEN

ELFB-
KU.

GHANA

KAMERUN

Z.A.R.

KONGO

GABUN

KENIA

ZAIRE

TANSANIA

Atlantischer

Ozean

ANGOLA

SAMBIA

ZIMBAB.

NAMIBIA

BOTSWANA

MOSAMBIK

REP.
SÜDAFRIKA

Indischer

Ozean

N

0   500   1000 km

Thomas Troßmann

Wüstenzeit –
Sahara grenzenlos

Mit dem Motorrad durch die Sahara –

Reportagen von 1000 Tagen Wüstenfahrt

Frederking & Thaler

CIP-Titelaufnahme der Deutschen Bibliothek

Trossmann, Thomas:
Wüstenzeit : mit dem Motorrad durch die Sahara ; Reportagen
von 1000 Tagen Wüstenfahrt / Thomas Trossmann. – München :
Frederking u. Thaler, 1990
    (Reisen, Menschen, Abenteuer)
    ISBN 3-89405-053-5

REISEN · MENSCHEN · ABENTEUER
herausgegeben von Susanne Härtel

© 1990 Frederking & Thaler GmbH, München
Alle Rechte vorbehalten
Titelfoto: Thomas Troßmann
Fotos: Martin Pahr (S. 157) / Anton Plenk (S. 89/115/123/127/128/133/163)
/ Thomas Troßmann
Produktion: Tillmann Roeder
Karten: Isolde Notz-Köhler
Gesamtherstellung: Presse-Druck Augsburg
ISBN: 3-89405-053-5

Inhalt

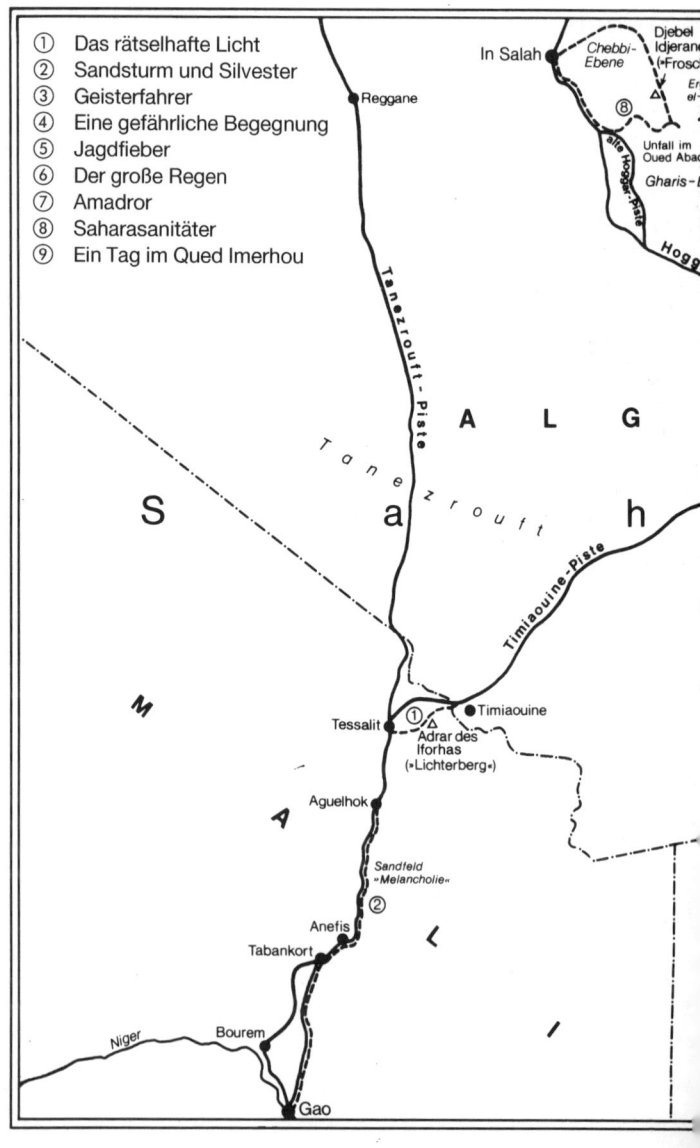

In Salah

Chebbi-
Ebene

Djebel
Idjerane
(»Frosch«)

Erg
el-›

Reggane

⑧

Unfall im
Oued Abadi

Gharis–E

Hogg

Tanezrouft-Piste

A L G

T a n e z r o u f t

S   a   h

Timiaouine-Piste

Tessalit   ①   Timiaouine
                    △
              Adrar des
              Iforhas
              (»Lichterberg«)

M

Aguelhok

A

Sandfeld
»Melancholie«

Anefis   ②

Tabankort

L

Niger   Bourem

I

Gao

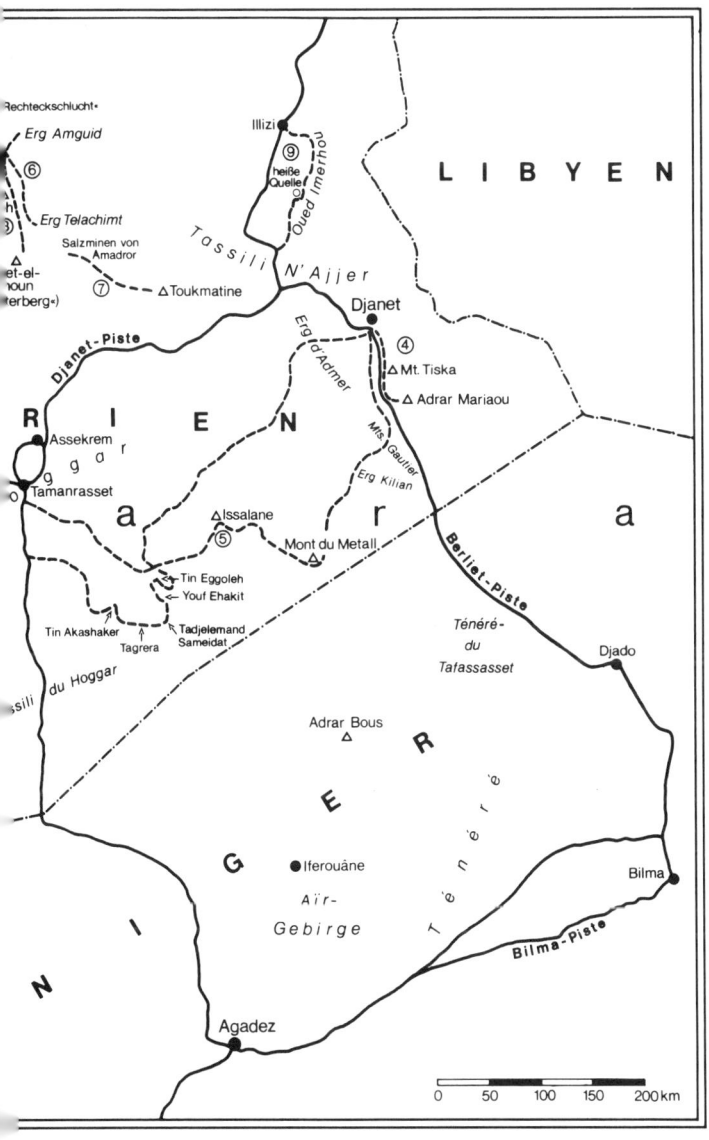

Rechteckschlucht•

Erg Amguid ⑥

Erg Telachimt

Salzminen von Amadror
et-el-▵ Toukmatine ⑦
noun erberg•)

Djanet-Piste

Illizi

heiße Quelle ⑨

Oued Imerhou

Tassili N'Ajjer

Djanet

④
▵ Mt. Tiska
▵ Adrar Mariaou

Erg d'Admer

Mts Gautier

Erg Kilian

R **I** **E** **N**
Assekrem r g g a r
o Tamanrasset a r

▵ Issalane ⑤
Mont du Metall ▵

L I B Y E N

a

Berliet-Piste

Ténéré-
du
Tafassasset

Djado

Tin Eggoleh
← Youf Ehakit
Tin Akashaker ↑ ↟ Tadjelemand
Tagrera Sameidat

ssili du Hoggar

Adrar Bous
▵

G **E** **R**

G
Iferouâne

*Aïr-
Gebirge*

N **I**

Agadez

Ténéré

Bilma

Bilma-Piste

| 0 | 50 | 100 | 150 | 200 km |

Vorwort

November 1989 – wieder einmal habe ich ein wenig von dem zu Papier gebracht, was mir von den Wüstenfahrten der letzten Jahre erzählenswert erscheint. Ein neues Buch über das Reisen – insbesondere das Motorradreisen – durch die Sahara, über ungewöhnliche Erlebnisse in der größten Wüste der Erde, ist geschrieben. Ein gutes Gefühl, nach ungezählten Arbeitsstunden das fertige Manuskript vor mir zu haben, ein noch besseres, in wenigen Tagen die Theorie mit der Praxis zu vertauschen, wieder einmal zu einer Wüstenreise zu starten.

Fünfzehn Jahre und zwei Dutzend Afrikareisen liegt meine allererste »Schnuppertour« in den Schwarzen Kontinent zurück. Eine lange Zeit, in der mich die Sahara mehr und mehr in ihren Bann geschlagen, sich so in meinem Leben breitgemacht hat, daß ich heute die Grenze zwischen Beruf und Hobby nicht mehr erkennen kann.

1986 kam ich zum ersten Mal aus beruflichen Gründen in die Wüste, jobbte als Reiseleiter bei einem Expeditions-Veranstalter. Mit kleinen Gruppen per Flugzeug angereister Saharafans fuhr ich im Geländewagen durch unerschlossene Wüstenregionen auf vergessenen Kolonialpisten und Querfeldeinstrecken.

Was unsere Passagiere mangels Vergleichsmöglichkeiten gar nicht so sehr zu schätzen wußten, wurde mir im Lauf der Expedition mehr und mehr bewußt: die unvorstellbaren Naturschönheiten, fernab aller Hauptpisten, die unendliche Weite, Leere und Einsamkeit. Die Tuareg, die uns als Führer begleiteten, eröffneten neue Perspektiven, vermittelten hautnahe Informationen über die Wüste, ihre Kultur und Geschichte, ihre Tier- und Pflanzenwelt, ihre Schönheiten und auch Gefahren. Das gemeinsame Reisen und Arbeiten mit Menschen, die in der Sahara zu Hause sind, veränderte schon bald meine Erlebnisweise, verdrängte das Gefühl, ein Fremder in einer trotz der vielen Reisen noch immer fremdartigen Welt zu sein.

Einzig die Tatsache, all dies ohne das unbeschreibliche Feeling einer Motorradreise erleben zu müssen, war ein Wermutstropfen. Zwar hatte ich mich mit der Enduro auch schon auf Nebenrouten und abgelegene Strecken gewagt, doch diese Expedition sprengte den Rahmen des Machbaren bei weitem. Gigantische versorgungslose Distanzen überfordern die Transportkapazität eines Motorrades – es sei denn, man opfert Fahrsicherheit und jedes Fahrvergnügen einer monströsen Beladung. Zum anderen bieten riesige Querfeldeinstrekken durch unerschlossene, in keinem Reiseführer erwähnte Gebiete die Gewißheit, im Notfall ganz auf sich allein gestellt zu sein. Überladungsbedingte Stürze oder Pannen, jede längere Irrfahrt machen den Motorradfahrer auf solchen Routen zum Todeskandidaten, zum gefundenen Fressen für die Sensationspresse.

So entstand schon bald die Idee, die Vorteile eines Autos mit denen des Motorrades zu verbinden, die Wüste mit beiden Fahrzeugen gleichzeitig zu erkunden: eine Enduro für den Fahrspaß, für das direkte und intensive Erleben, ein allradgetriebener Wagen für den Transport der riesigen Benzin-, Wasser- und Nahrungsreserven, für Werkzeug und Ersatzteile, für eine reichhaltige Bordapotheke.

Doch wie sollte ich die Kostenfrage eines solchen Unternehmens lösen? Ein guter Geländewagen, die umfangreiche Ausrüstung, der für die Durchquerung von Naturschutzgebieten, militärischen und anderen Sperrgebieten obligatorische Führer – all das ist finanziell nur tragbar, wenn sich mehrere Motorradfahrer zusammentun.

Die Anfragen vieler Leser meines ersten Buches fielen mir wieder ein: »Kannst du nicht mal eine Saharatour organisieren?«

Warum eigentlich nicht, warum sollten nur Flugreisende oder Four-wheel-drive-Wüstenfahrer die Sahara abseits der Hauptrouten erleben dürfen? Warum nicht auch Motorrad-

10

Im Tassili du Hoggar

fahrern dieses faszinierende Erlebnis mit kalkulierbarem Risiko ermöglichen?

Bisher waren mir Aufwand und Verantwortung für ein solches Vorhaben zu hoch erschienen. Doch die Erfahrungen meines Reiseleiterjobs ließen das Unternehmen immer konkreter werden, mich die gestellte Aufgabe realistischer einschätzen. Als eine Testanzeige in der Fachpresse noch einmal das Interesse vieler Motorradfahrer bestätigte, war der Entschluß gefaßt: Aus den Höhepunkten zahlreicher früherer Reisen stellte ich eine Traumtour zusammen, eine sechstausend Kilometer lange Route durch die schönsten und unberührtesten Teile Algeriens. Mein Jeep wurde zum Begleitauto umfunktioniert, ein weiteres Geländeauto inklusive eines Tuareg-Führers in Tamanrasset gechartert. Nach einer letzten Erkundungsfahrt in den äußersten Süden Algeriens (siehe die Geschichte »Jagdfieber«) wurde das Unternehmen »Wüstenfahrer« gestartet: Im Winter 1987 erlebte zum ersten Mal eine Motorradfahrergruppe die Sahara von ihrer schönsten Seite.

Ein Jahr später war aus einer Nebenbeschäftigung ein Fulltime-Job geworden. Ich wußte kaum mehr, woher die Zeit für andere Dinge als die Vorbereitung und Durchführung der Wüstenfahrten zu nehmen. Im Frühjahr 1989 trat das Ganze daher zwangsläufig in eine neue Phase: Zusammen mit zwei Freunden gründete ich die Wüstenfahrer Reise GmbH, und gemeinsam führen wir nun zwischen Herbst und Frühjahr die Reisen durch.

Endlich bleibt mir wieder mehr Zeit zum Schreiben, und so ist das vorliegende Buch entstanden. Neun ungewöhnliche Episoden, ausgewählt aus den Reisen der Jahre 1985 bis 1989, sollen zeigen, wie breit das Spektrum dessen ist, was man in der Sahara erleben kann, ganz gleich ob per Motorrad oder Auto, ob zu zweit oder in einer Gruppe.

Das rätselhafte Licht

Ich zucke zusammen, richte mich ruckartig auf.

»Was ist los?« frage ich Chris, der mich aus unruhigem Halbschlaf aufgeweckt hat.

»Schau! Da vorne!« flüstert er aufgeregt und deutet mit ausgestrecktem Arm auf die weite Ebene zu unseren Füßen. Eine Landschaft aus Sand und Stein, erhellt vom gleißenden, kalten »Neonlicht« des hoch stehenden Vollmonds. Trotz der Klarheit des nächtlichen Wüstenhimmels sind die Sterne nur über dem Horizont deutlich sichtbar, zu stark überstrahlt der Erdtrabant das Firmament.

Es ist kurz vor Mitternacht. Seit Stunden habe ich nur vor mich hingedämmert. Müde sind wir schon, sehr müde sogar, doch keiner von uns dreien kann schlafen, wagt es auch nicht.

Schließlich sind Ort und Umstände reichlich ungewöhnlich – ganz abgesehen davon, daß wir uns auf einer Motorradreise durch die Sahara befinden, im Niemandsland der Tanezrouft-Wüste zwischen Algerien und Mali die Nacht verbringen.

Das alles ist jedoch geradezu normal gegen die Tatsache, daß unser Lagerplatz keine romantische Schlafstätte, sondern ein Versteck ist, daß wir nicht zum Vergnügen, sondern um unser Leben hierher gefahren sind: Vor einigen Stunden erst haben wir uns nach nervenzerfetzender Raserei auf diesen Felsbuckel geflüchtet, uns in einer sandgefüllten Rinne den Blicken unserer Verfolger entzogen.

Ich muß nicht lange suchen, um den Grund für Christophes Aufregung zu erkennen. Es ist die gezackte Silhouette eines Hügels, Berges oder Felsmassivs. Abmessungen und Entfernungen lassen sich in der Sahara schon tagsüber schwer schätzen, bei den augenblicklichen Lichtverhältnissen ist es unmöglich. Aber das ist jetzt absolut nebensächlich, wichtiger ist, daß ein heller Lichtschein, ganz offensichtlich ein Suchscheinwerfer, auf der zerklüfteten Oberseite umhertanzt!

Sie suchen uns also doch! Nach dem Verschwinden unserer Spuren von der Piste haben sie klar erkannt, daß wir ohne Licht nicht mehr weit gefahren sein können. Unsere Hoffnung, nach dieser Nacht querfeldein in Richtung Tanezrouft-Piste fliehen zu können, bricht zusammen. Die Situation ist prekär, immerhin sind wir vorsätzlich illegal ausgereist, in wilder Verfolgungsjagd vor der Grenzpolizei von Timiaouine geflohen. Daß die keinen Spaß versteht, haben wir nicht nur in dem trostlosen Kaff zu spüren bekommen, wir haben es auch gestern per Feldstecher im letzten Licht der Abendsonne erkannt: Unsere Verfolger sind mit Gewehren bewaffnet! Das einzig Positive ist, daß sie vorerst noch auf dem falschen Berg herumklettern.

Das Licht des Scheinwerfers verändert sich laufend, wird bald heller, bald dunkler, verschwindet zwischendurch gänzlich, um dann wieder grell aufgeblendet in unsere Richtung zu leuchten. Angestrengt horchen wir auf Geräusche, doch etwas anderes als das Rauschen des Blutkreislaufs in unseren Ohren ist nicht zu hören.

Nach einigen Minuten verschwindet das Licht. Sind unsere Verfolger wieder abgestiegen, haben die Suche aufgegeben? Oder sind sie auf dem Weg hierher, wollen sich den »Walfischberg«, wie wir unser Versteck getauft haben, vornehmen?

Ein beängstigender Gedanke. Wir kämpfen gegen die aufsteigende Panik, versuchen einen klaren Kopf zu behalten, einen Ausweg aus dem Dilemma zu finden. Brechen wir jetzt gleich auf, entdecken sie uns mit Sicherheit. Auch wenn wir uns ohne Licht durch die Landschaft tasten – trotz Vollmond ein gefährliches Unternehmen –, dürfte uns in der Grabesruhe dieser windstillen Nacht das Auspuffgeräusch der Motorräder auf jeden Fall verraten.

Was sollen wir tun? Chris plädiert dafür, abzuwarten. Wenn sie wirklich kommen, meint er, könnten wir uns ihnen immer noch stellen, die Reumütigen spielen. Susanne und ich sind unentschlossen, eher jedoch für nächtliche Flucht. Bei der Vorstellung, daß die Verfolger mit Suchscheinwerfern und Gewehr im Anschlag den Hang hinaufklettern, ist uns höchst unwohl. Selbst wenn es ohne Gewalt abgehen sollte, erwartet uns im günstigsten Fall ein Gefängnisaufenthalt von nicht vorhersehbarer Länge, und das wohl kaum in derselben Zelle. Während wir flüsternd darüber diskutieren, strahlt vor uns plötzlich wieder der Scheinwerfer auf. Im Gegensatz zu vorher ist die Lichtquelle jetzt bewegungslos, blinkt im Rhythmus eines Leuchtsignals.

Wir sind völlig verunsichert. Gelten diese Signale uns? Und was soll damit bezweckt werden? Es gibt eigentlich keine überzeugende Erklärung. Da wir sowieso nicht mehr schlafen können, langsam aber sicher mit den Nerven fertig sind, beschließen wir, uns in die Höhle des Löwen zu wagen. Lieber entdeckt werden, als das Leuchten des Suchscheinwerfers noch länger tatenlos zu betrachten, wie ein hypnotisiertes Kaninchen vor der Schlange zu hocken!

Dem Abstieg über den rauhen, bröckligen Fels des »Walfischberges« folgt die Durchquerung einer sandigen Ebene, in der wir unter unseren Füßen nur gelegentlich kleine Steinchen spüren. Wasserabflußrinnen und Schwemmkanten haben dem Boden ein leicht stufiges Relief gegeben. Stachlige kleine Büsche wachsen überall. Immer wieder huschen die nachtaktiven Wüstenspringmäuse über den mondbeschienenen Boden. Ein schriller Vogelschrei durchschneidet die Nacht. Silhouetten von Büschen und Bäumen tauchen auf. Ein Oued, ein Trockenfluß, liegt vor uns. Wir folgen dem direkt auf den »Lichterberg« zu führenden Vegetationsstreifen des Oueds, schrecken wenig später ein Rudel Gazellen auf. In weiten, hohen Sprüngen fliehen die eleganten Tiere über die Ebene. Ihre weißen Hinterteile reflektieren das Mondlicht so stark, daß wir sie noch lange sehen können.

Es tut gut, etwas zu unternehmen, nach der nervenzermürbenden Warterei wieder aktiv zu werden. Wir beginnen sogar, das traumartige Gefühl, die irreale Atmosphäre unserer nächtlichen Wüstenwanderung zu genießen, empfinden deutlicher als je zuvor die über die menschliche Vorstellungskraft gehenden Dimensionen dieser Wüste.

Knapp eine halbe Stunde seit Verlassen unseres Verstecks beginnen zwei Dinge uns Sorgen zu machen. Erstens, daß der »Lichterberg« kaum größer, der »Walfischberg« hingegen zu einem nur noch schwer erkennbaren flachen Buckel geworden ist. Zweitens, daß der Mond erstaunlich schnell dem Horizont zustrebt und wir den Rückmarsch möglicherweise bei totaler Finsternis bewältigen müssen. Der Erdtrabant wird ohnehin immer mehr von einer Hilfe zum Hindernis, denn er steht direkt vor uns und blendet so stark, daß der Boden unter unseren Füßen konturlos und schwarz erscheint. Spätestens jetzt wird uns klar, daß wir uns auf dem Rückweg ohne Orientierungshilfe hoffnungslos verirren würden. Abwechselnd schleifen wir nun einen langen Akazienast hinter uns her, der eine, wenn auch nur dünne, Spur hinterläßt.

Wir verlassen das Oued, halten auf das Zentrum des mittlerweile blickfeldfüllenden Felsmassivs zu. Das Licht ist aus dieser Perspektive nicht mehr zu sehen, ebensowenig der »Walfischberg«, der nun schon mehr als zwei Stunden hinter uns liegt. Mit dem Fuß des Berges betreten wir eine bizarre, im Licht des schon den Gipfel berührenden Mondes gespenstisch wirkende Szenerie. Der Berg scheint wie durch eine gewaltige Explosion geborsten, ist ein von Rissen und Spalten durchzogener Monolith, halb verschüttet von hausgroßen, wie Bauklötze aufeinandergetürmten Felswürfeln. Wie Zwerge auf einer zerschmetterten Riesentreppe klettern wir dem letzten Mondlicht entgegen, versuchen dabei jedes laute Geräusch zu vermeiden. Atemlos, mit vor Angst und Anstrengung bis zum Hals klopfendem Herzen, stehen wir schließlich auf einer völlig ebenen Felsplattform von gewaltigen Dimensionen, verstecken uns im schwarzen Schatten einer tonnenschweren Felskugel. Hunderte solcher Riesenmurmeln liegen hier oben wie künstlich angeordnet herum. Das gleißende Vollmondlicht läßt den von zahllosen Quarzadern durchzogenen Basalt wie gigantische Juwele glitzern.

Wir warten und beobachten angestrengt das unheimliche Panorama um uns. Keine Bewegung, kein Geräusch deutet darauf hin, daß hier oben noch jemand sein könnte. Wie sollte auch eine Lichtquelle, die gut acht Kilometer weit mit der Helligkeit eines Autoscheinwerfers erstrahlt, hier heraufgebracht werden?

Irgend etwas drängt mich, die völlige Stille hier oben zu unterbrechen. Ich werfe einen faustgroßen Stein in weitem Bogen über die Plattform. Was folgt, läßt uns zusammenzukken: Der metallische, harte Klang des ersten Aufschlags, das unregelmäßige Hämmern des über den Basalt hüpfenden Steinchens wird zu einer akustischen Geröllawine. Ein nicht enden wollendes Echo hallt zwischen den Spalten, Klüften und Wänden des Berges umher.

Wir warten. Werden sich unsere Verfolger nun melden?

Nichts.

»Hier oben ist niemand«, flüstert Chris.

»Und das Licht?«

Susanne versucht eine logische Erklärung zu finden: »Vielleicht war es doch nur ein besonders heller Stern?«

Unmöglich, das Licht war viel zu grell. Sterne blinken zwar durch die atmosphärischen Verzerrungen, aber nicht regelmäßig und mit sekundenlangen Dunkelpausen.

»Dann waren sie es doch. Vielleicht sind sie mit einem starken Suchscheinwerfer hier hochgeklettert.«

»Aber dann hätten wir sie wegfahren sehen müssen. Sie werden kaum riskieren, ohne Licht zu fahren. Wieso sollten sie auch?«

»Wahrscheinlich lagern sie unten bei ihrem Auto.«

»Und wenn wir einfach rufen? Zumindest zeigen wir damit unseren guten Willen. Jetzt ist sowieso schon alles egal.«

Und schon fängt Chris an, aus vollem Hals in die Nacht zu schreien: »Haaaaalooo!«

Was das Echo aus diesem einen Ruf macht, ist ein akustisches Kunstwerk, ebenso schön wie erschreckend. Unglaublich langsam verliert sich der hin und her wabernde Schall.

Wir warten auf irgendeine Reaktion. Nichts! Alle drei rufen wir nun, so laut wir können, was uns gerade nur einfällt. Ein Echo-Inferno bricht über uns zusammen.

Wir schreien uns heiser, bauen damit einen Teil der Spannung dieser Nacht ab. Eine Antwort erhalten wir nicht. Es sieht nicht danach aus, als würden wir jemals erfahren, ob sich hier jemand ganz fürchterlich über uns gewundert hat.

»Hier ist kein Mensch. Gehen wir zurück.« Stumm machen wir uns auf den Rückweg.

Der Mond macht langsam Anstalten, sich zu verabschieden. Unser Abstiegsweg liegt bereits in undurchdringlicher Dunkelheit. Nur noch die dünnen Lichtkegel unserer Taschenlampen erhellen den zerklüfteten Geröllhang. Nach einer endlos wirkenden, stellenweise gefährlichen Kletterpartie sind wir endlich wieder unten auf der Ebene. Doch leider nicht an der Stelle, wo wir am Ende des Markierungsstriches den Ast in den Boden gerammt haben. Wir haben das Gefühl, zu weit links heruntergeklettert zu sein, also gehen wir parallel zur Bergflanke einige hundert Meter nach rechts. Mit den Taschenlampen suchen wir den Boden Meter für Meter ab.

»Hier ist er!« ruft Susanne.

Fast hätten wir den dünnen Strich im Sand übersehen.

Ab jetzt heißt es Batterie sparen. Abwechselnd geht jeder ein Stück voraus, versucht mit größter Konzentration Lichtstrahl und Strich zusammenzuhalten. Immer wieder geht uns die Markierung in der Finsternis verloren. Auf der harten Kruste der Schwemmtonflächen ist sie nur noch ein dünner Kratzer.

Es ist schon gegen vier Uhr früh, als wir das Ende der Linie erreichen. Wir sind erschöpft, und die Kälte dieser Dezembernacht – es hat kaum über null Grad – setzt uns trotz dicker Pullover, langer Unterhosen und Handschuhen mehr und mehr zu. Zudem ist es windig geworden, die Nase läuft, die Ohren schmerzen. Es war ein unverzeihlicher Fehler, daß wir die Markierung nicht gleich zu Beginn angelegt haben, denn von unserem »Walfischberg« ist unter dem mondlosen Stern-

Durch Erosion entstehen bizarre Felsformationen

himmel kaum mehr als ein schwacher Umriß zu erkennen.
Nur mit Mühe können wir unseren Spuren im ständig gelber
werdenden Licht der Taschenlampe folgen, verlieren immer
wieder die oft nur schwachen Fußabdrücke, laufen Kreise, bis
wir sie wiederentdecken.

Schließlich ist der Fels erreicht, die Spuren sind zu Ende,
als auch die letzte unserer Taschenlampen erlischt. Wir sehen
nicht mehr, wo wir hintreten, tasten uns Schritt für Schritt
auf der steilen, rauhen Oberfläche empor, erreichen den abgerundeten Gipfel des Berges, ohne auf unseren Lagerplatz zu
stoßen. Erschöpft lassen wir uns fallen.

Chris unternimmt noch einen letzten Versuch. Angestrengt starren wir in die Dunkelheit, warten auf ein Zeichen

von ihm. Die Minuten vergehen, das Geräusch seiner Schritte ist nicht mehr zu hören. Plötzlich ein weit entferntes knirschendes Poltern. Er ist offenbar gestürzt! Einige Sekunden später leuchtet das Standlicht eines unserer Motorräder auf. Chris hat den Lagerplatz gefunden.

Noch gut zwei Stunden bis Sonnenaufgang. Wir sind todmüde und frieren fürchterlich. Es dauert lange, bis uns die dicken Daunenschlafsäcke ein wenig aufgewärmt haben. Der »Lichterberg« ist nur noch als schwarze Silhouette vor einem Sternenmeer erkennbar. Eine riesige Sternschnuppe rast wie ein Komet über ihn hinweg.

»Was das nur war, da drüben?«

»Vielleicht eine energetische Erscheinung, eine elektrische Ladung oder so was.«

»Oder ein UFO!«

»Aber eines mit Allradantrieb, wir sind schließlich in der Sahara.«

Vielleicht hätten Susanne oder Chris über diesen Witz sogar gelacht – wenn nicht genau in diesem Moment der »Lichterberg« wieder aufgeleuchtet hätte.

Ungläubig beobachten wir, wie ein gleißendheller Lichtpunkt sich von der dunklen Silhouette löst, langsam nach oben schwebt und eine Handbreit über dem Berg endgültig verlischt.

»Das darf doch nicht wahr sein!« sagt Chris.

Ich denke dasselbe, bin zugleich viel zu müde, um mich noch länger über die Erscheinung zu wundern, akzeptiere ihre Unerklärlichkeit.

Ich stelle unseren kleinen Wecker auf halb sechs. Mit dem ersten Lichtschimmer des Morgengrauens werden wir unsere Flucht fortsetzen.

Sandsturm und Silvester

CAFÉ MELANCHOLIE. Was für ein ungewöhnlicher Name für eine schmuddelige Lehmhütte, eines jener Sahara-Cafés, wie man sie neben den großen Hauptpisten immer wieder findet. Schon mancher, der mitten in der endlosen Weite der Tanezrouft-Piste den krakeligen Schriftzug gelesen hat, verstand ihn erst wenige Kilometer später, spürte die schwarze Stimmung, die Melancholie der Wüste, bis in die letzte Faser seines erschöpften Körpers, nach stundenlangem Schaufeln und Schieben, beim Anblick seines hoffnungslos eingegrabenen Wagens. Denn nach tausend weitgehend problemlosen Pistenkilometern ist dieses Café das Tor zum Fegefeuer aller Tanezrouft-Bezwinger, zur Hölle der Überladenen und Untermotorisierten, der Nichtallradgetriebenen und Schmalbereiften, der zaghaften Gasgeber und vorsichtigen Schalter: Unmittelbar nach dem Café beginnt eine kilometerlange Zone bodenlos tiefen und mehlweichen Sandes.

Schon hundert Kilometer vorher, in dem Tuaregdorf Aguelhok wurden wir das erste Mal davor gewarnt. Je näher wir dem Sandfeld »Melancholie« kamen, desto häufiger hielten uns Kinder und Halbwüchsige auf, boten uns mit schöner Regelmäßigkeit nach dramatischen Warnungen vor dem »Sable« ihre Führerdienste an.

Am Café halten wir an, betrachten uns den Anfang der »Sandfalle« erst einmal in Ruhe. Für Autos zweifellos eine harte Nuß: Eine tiefe Hauptspur schlängelt sich zwischen Büschen und kleinen Dünen die lange Steigung hinauf. Tausende anderer Spuren haben, soweit das Auge reicht, den Sand zerfurcht. Und der ist in der Tat butterweich. Schon zu Fuß versinkt man darin bis an die Waden.

Vor dem Café parkt eine Schlange aus Lkws, Kleinlastern und Pkws, nach Art der Bremer Stadtmusikanten übereinander geladen. Für das oberste Fahrzeug ist die Chance, in der gelobten Stadt Gao anzukommen, den Sahara-Südrand und

Asphaltbeginn zu erreichen, im Prinzip am besten. Zollnummernschilder machen klar, daß es sich hier um einen Konvoi sogenannter »Autoschieber« handelt. Für sie ist die Tanezrouft-Piste immer noch der einfachste Weg, den lukrativen Gebrauchtwagenmarkt Schwarzafrikas zu erreichen, Schrott in Bargeld zu verwandeln.

Ein Teil der Fahrer diskutiert sichtlich entnervt in lautstarkem Französisch die Chancen, durch den Sand zu kommen, der Rest palavert mit einer Gruppe in Lumpen gekleideter Kinder und Halbwüchsiger. Man einigt sich schließlich, daß zahlen besser ist, als die nächsten Tage mit Graben zu verbringen. Der Führer, ein zehnjähriger Knirps, scheint jedoch alles andere als billig zu sein, denn die Gemüter erhitzen sich sichtlich.

Hier hauen noch die Schwarzen die Weißen übers Ohr, südlich der Sahara ist das dann anders. Eine Anzahl zerknitterter Banknoten wechselt den Besitzer, wandert in die Tasche eines größeren Jungen.

Der Konvoi-Chef, ein von Alter wie Nationalität undefinierbarer Typ mit Rasta-Frisur, Palästinenser-Schal, marokkanischen Pluderhosen und der »freundlichen« Art eines Fremdenlegionärs mit bajonettbestückter Flinte im Anschlag, verlädt den kleinen Führer rabiat in seinen Peugeot. Der Konvoi setzt sich in Bewegung und verschwindet in Richtung Westen parallel zum Sandfeld.

Wir trinken erst mal einen Tee, haben keine Probleme, den Vertretern des in »Melancholie« meistverbreiteten Gewerbes klarzumachen, daß wir für einen Führer keinen Platz haben. Wenigstens ein *cadeau*, meint man allgemein, sei doch wohl fällig. Doch unseren Vorrat an kleinen Geschenken haben wir schon vor Tagen in Timiaouine an noch viel ärmere Teufel als diese hier verteilt, und unsere wenigen Klamotten brauchen wir nun wirklich selber. Allerdings ist Wüstenkindern einfach nicht begreiflich zu machen, warum der Mensch zwei Hosen braucht. Die meisten von ihnen wären froh, wenn sie eine hätten. Glücklicherweise fallen mir die Aufkleber eines

Münchner Expeditionsausrüsters ein. Irgendwo in den Tiefen des Tankrucksacks muß das Päckchen liegen.

Die Freude ist groß, vor allem als einer der größeren Jungen den arabischen Schriftzug unter dem Konterfei des Wüstenfuchses entziffert. »Ashab Sahara«, steht da, »Freunde der Sahara«. Zum Dank bekommen wir bei unserer Abfahrt noch einen Rat: »*Monsieur, Monsieur! Allez à droite, toujours à droite!*« – Immer nach rechts fahren!

Sicherlich gut gemeint, doch wir halten uns nicht daran. Erstens ist unser Benzinvorrat nach einem verbrauchsintensiven Privatrennen mit der algerischen Grenzpolizei nicht mehr üppig. Zweitens haben wir für lange Umwege auch keine Zeit, denn in kaum sieben Stunden beginnt der 31. Dezember des Jahres 1984, und es trennen uns noch immer vierhundert Pistenkilometer von knallenden Sekt- oder wenigstens Kronkorken, von einer Silvesterfete am breiten Nigerstrom. Drittens bietet auch das weichste Sandfeld einem Motorrad nur einen Bruchteil der Probleme, die dem Autofahrer das Leben schwermachen.

Wir reduzieren den Reifenluftdruck, denn mit nicht mehr als einem atü ist Traktion und Führung unserer breiten Cross-Reifen am besten. Ein kleines Stück fahren wir zurück, brausen mit Schwung in die »Melancholie«. Der Sand packt zu wie ein Bremsfallschirm, läßt bei gut achtzig Sachen dem vierten Gang nicht die geringste Chance. Mit Vollgas im dritten geht's dafür um so besser. Die Zone der Hauptspuren meiden wir dennoch möglichst schnell. Nicht wegen der Spurrinnen – die lassen sich bei höherem Tempo gut befahren –, sondern wegen der metertiefen Löcher, die wohl bei ausgiebigen Grab- und Wühlaktionen in den Sand gebaggert worden sind.

Zudem scheint die Piste ohnehin mit leichtem Rechtsknick zu verlaufen. Wir nehmen daher die Empfehlung der Kinder doch noch wahr, allerdings anders, als die es wohl gemeint haben, und schneiden den Pistenbogen ab. Gestrüpp, Bäume und kleine Dünen zwingen uns immer wieder zu zackigen

Ausweichmanövern. Das Tiefsandwedeln macht so großen Spaß, daß wir richtig enttäuscht sind, als nach wenigen Minuten alles vorbei ist und wir wieder am Rand der festen Wellblechpiste stehen.

Knapp fünfzig Kilometer weiter wird es langsam Zeit, sich nach einem Platz für die Nacht umzuschauen. Es ist sechs Uhr, die Sonne berührt den Horizont. Heut abend ist der Sonnenuntergang jedoch ein eher trauriges Schauspiel. Im gelbbraunen Dunst staubschwangerer Luft versinkt eine milchkaffeefarbene, blasse Sonnenscheibe hinter einer eintönigen Ebene. Die Wellblechspur wird einige hundert Meter vor uns von einer skurrilen Brücke aus T-Trägern geschluckt, ein weiterer »entschärfter« Oued-Übergang, von denen wir auf der Tanezrouft-Piste schon mehrere gesehen haben. In der Stimmung dieses Abends setzt das verrottete Eisenmonstrum der ganzen trübtristen Atmosphäre das I-Tüpfelchen auf: eine Szenerie wie nach dem Atomkrieg.

Am Rand des Oued Erachen verlassen wir die Piste, folgen dem Lauf des Trockenflusses für einige hundert Meter. Inmitten bizarr zerplatzter Felskugeln finden wir einen schönen Lagerplatz, köcheln auf einem kleinen Feuer, wie schon so oft auf dieser Reise, Spaghetti, diesmal à la Bolognese mit dehydriertem Hackfleisch. Ganz allein sind wir übrigens nicht. Nicht weit von uns stehen zwei große weiße Kamele unter einer Akazie. Regungslos beobachten sie uns mit arrogant-majestätischem Gesichtsausdruck, bevor sie sich schließlich hinlegen. Offenbar werden wir nicht als Bedrohung empfunden.

Schon vor Sonnenaufgang verlassen wir unsere Zelte, ein langer Fahrtag steht uns bevor. Rund dreihundert Kilometer sind es auf der kürzesten Route noch bis Gao, sogar noch fünfzig mehr, wenn wir die Ganzjahrespiste über den Ort Bourem nehmen müssen. Chris entfacht mit der restlichen Glut von gestern abend ein neues Feuer, denn selbst in der Südsahara ist ein Silvestertag um sechs Uhr früh ziemlich kühl. Während wir unseren Kaffee schlürfen, eine extragroße

Kamele beim Tête-à-tête

Portion Müsli vertilgen, erhebt sich zusammen mit dem Sonnenball auch eine reichlich steife Brise. In Sekundenschnelle macht der aufgewirbelte Sand das Müsli zum ungenießbaren Plombenkiller.

In Windeseile, im wahrsten Sinn des Wortes, reißen wir die Zelte ab, packen unseren ganzen Kram so schnell es geht zusammen und fahren zurück zur Piste. Die von Südwesten kommenden Windböen werden immer stärker, schütteln uns wie mit Riesenfäusten. Mehr und mehr Sand prasselt gegen unsere Helme. Am Ende einer langen Steigung bietet sich dann ein Bild, das uns voller böser Vorahnungen schaudern läßt. Auf der weiten vor uns liegenden Ebene tobt ein riesiger Sandsturm. Wie braune Gewitterwolken hängen die Sandschwaden turmhoch in der Luft.

Das Dorf Anefis kann nicht mehr allzuweit entfernt sein. Bis dahin müssen wir es noch schaffen. Wir ziehen unsere Sturmhauben über, setzen die Gletscherbrillen unter den Helmen auf. Ein Inferno aus wirbelnden gelbbraunen Schwaden verschluckt uns. Wir kommen uns vor wie in einem riesigen Sandstrahlgebläse. Die Körner prasseln mit solcher Wucht auf uns ein, daß der schmale Streifen nackter Haut zwischen Jacke und Handschuhen wie Feuer brennt. Wir sehen so gut wie nichts, holpern im Schrittempo über die Piste. Den Scheinwerfer von Christophes XT erkenne ich im Rückspiegel nur noch so schwach wie eine Taschenlampe im Nebel. Zum Glück ist Susanne da, kann mit aufpassen, daß wir uns nicht verlieren.

Zum ersten Mal in meinem Leben bin ich glücklich und dankbar, daß es »Wellblech«-Pisten gibt, denn ohne die groben Querrinnen wäre eine Weiterfahrt nicht möglich, würden wir die Piste sofort verlieren. Mit Hilfe des Gerüttels können wir uns vorantasten, ohne die Blindfahrt zur Irrfahrt werden zu lassen. Rund dreißig Kilometer funktioniert das ganz gut, da verwandelt sich das Wellblech plötzlich in tief verspurten Weichsand. Mit kaum mehr als Schrittgeschwindigkeit rollen wir in diese Falle, kippen beide in der ersten tiefen Spurrinne um.

Das hat uns noch gefehlt: ein ähnliches Weichsandfeld wie das von »Melancholie«, nur wesentlich dichter mit Gestrüpp und dürrren Bäumen bewachsen. Bei niedrigem Tempo gibt es so gut wie kein Vorwärtskommen, nicht einmal »Fußeln« hilft.

Der Sand ist einfach zu weich, die Maschinen graben sich ein. Wenn wir nicht dauernd stürzen wollen, müssen wir wenigstens vierzig fahren. Neben den Spuren, wohlgemerkt, in den Rinnen braucht es gut zwanzig Sachen mehr, um ohne Gleichgewichtsverlust voranzukommen. Dann könnten wir jedoch gleich die Augen schließen; selbst vierzig Stundenkilometer wirken bei diesen Sichtverhältnissen schon wie eine Zeitrafferfahrt.

Sandsturm

Wir vereinbaren, daß Chris unserer Spur folgen und so dicht wie irgend möglich an uns dran bleiben soll. Hoffentlich befindet sich kein großes Loch, kein Graben oder Felsbrocken im Weg! Die dichte Vegetation des Oueds macht uns bereits genug zu schaffen. Mehrfach kann ich nur um Haaresbreite großen Büschen und Bäumen ausweichen. Beide Rückspiegel werden dabei nach innen geschlagen. Ich kann nicht mehr sehen, ob Chris uns folgt, habe aber auch keine Hand frei, um die Spiegel wieder einzustellen. Der Sprung über einen meterhohen, buschbewachsenen Sandbuckel bringt uns beinahe zu Fall. Kurz darauf prallt ein Akazienast mit so großer Wucht gegen den Gasgriff-Protektor, daß das Plastikteil halb abgebrochen nach unten hängt. Meine Hand schmerzt stark, doch es ist nur eine Prellung. Die Plastikarmierung der Cross-Handschuhe hat mich vor einer durchbohrten Hand gerettet, sie ist mit eisenharten Akazienstacheln gespickt. Wenn die Fahrerei in dem Stil weitergeht, ist es nur noch eine Frage der Zeit, bis etwas Ernsteres passiert... Die Erleichterung ist unendlich, als der Weichsand nach rund zehn Kilometern wieder von Wellblech abgelöst wird.

Haben wir das Schlimmste überstanden? Unglücklicherweise nicht – von Chris ist nichts zu sehen! Ich versuche, der eigenen Spur entlang zurückzufahren, doch der Sturm hat sie bereits verweht. Am Rand des sandigen Oueds halten wir an, hupen und rufen, so laut wir können. Keine Antwort, kein Motorengeräusch, nur das ständige Heulen und Schmirgeln des Sandsturms. Das Schlimmste was uns passieren konnte, ist geschehen: Wir haben uns in dieser Hölle verloren, wir können weder vor noch zurück, ohne die Situation zu verschlimmern.

»Hörst du das?« fragt Susanne. Ganz kurz und weit entfernt ertönt das »Ballern« der XT! »Vielleicht steckt er fest oder ist gestürzt.«

Ich hupe, was das Zeug hält. Keine Reaktion. Sollen wir auf gut Glück in die Richtung des Geräusches fahren, riskieren, daß wir völlig die Orientierung verlieren?

Plötzlich taucht wie ein Phantom ein Kind aus den Sandschwaden auf. Mit weit aufgerissenen Augen redet der Kleine aufgeregt im Dialekt seines Stammes auf uns ein, deutet wild fuchtelnd in das diffuse Graubraun des Sturms, zieht Susanne am Arm. Gemeinsam laufen sie los, ich baggere mich in derselben Richtung durch. Vielleicht zweihundert Meter entfernt finden wir Chris. Ihm fällt ein genauso großer Stein vom Herzen wie uns. Seine Maschine macht allerdings keinen Muckser mehr: Elektrikausfall durch Sandeinwirkung!

Es ist das Zündschloß. Nach einem Sturz mit »Kopfstand« ist es total versandet, der Schlüssel läßt sich nicht mehr drehen. Wir zwicken die Kabel ab und zwirbeln sie zusammen. Nach einigen Tritten springt der Motor an.

Der kleine Junge ist nicht allein, inzwischen leistet uns eine ganze Kinderschar Gesellschaft. Offenbar Nomaden. Ungeschützt – sie sind fast nackt – leiden sie noch viel mehr als wir unter den peitschenden Sandschwaden. Doch die Neugierde scheint größer zu sein als der Schmerz, und ihr Lager kann ja nicht weit sein.

Wir verlassen das sandige Oued, tasten uns an seinem Rand entlang nach links, bis wir auf die ausgeprägte Wellblechspur der Pistenmitte stoßen. Kilometer für Kilometer hoppeln wir im ersten und zweiten Gang dahin. Unsere Augen tränen und brennen, Sand knirscht zwischen den Zähnen, die Helmvisiere werden langsam blind. Unser einziger Wunsch ist, daß die Motorräder durchhalten und daß endlich das Dorf Anefis auftaucht. Eigentlich müßten wir schon längst da sein. Über siebzig Kilometer zeigt der Tachometer seit heute früh.

Sollten wir etwa doch auf der verkehrten Piste sein? Wir kämpfen gegen die aufsteigende Panik an. Fünf Stunden in dieser Hölle zehren an unseren Nerven ebenso wie an den Kräften. Eine unerträgliche, drückende Hitze setzt ein, der berüchtigte Treibhauseffekt der von der Sonne aufgeheizten Sandwolken. Immer öfter müssen wir anhalten und trinken. Bald werden wir kein Wasser mehr haben.

Was ist das? Schemenhaft ist ein großes, dunkles Etwas im düstergelben Licht zu erkennen. Eine Hütte? Ich gehe darauf zu, berühre zwanzig Schritte weiter den geriffelten Lehm einer Hauswand. Ich ertaste eine aus Ästen und Stroh geflochtene Türe. Nur mit Mühe kann ich sie aufstemmen, denn eine Sandverwehung blockiert den Eingang. Im diffusen Licht erkenne ich eine Gruppe von Frauen, Kindern und Männern, in Lumpen gekleidete, ausgemergelte Menschen, die schweigend auf dem Lehmboden hocken. Manche haben sich Decken und Felle übergehängt, denn durch das Geflecht der Tür, ein notdürftig verhängtes Fenster und das löchrige Strohdach pfeift der Wind, sorgt auch hier drinnen für einen leichten Sandsturm.

»*Bonjour*«, grüße ich, »*lebes? –* Wie geht's?«

Ein alter Mann mit tränenden, entzündeten Augen lacht mich aus zahnlosem Mund an. »*Bonjour, lebes*«, krächzt er mit belegter Stimme, »*asseyez vous –* setzen Sie sich.«

»*Merci, mais avant je vais chercher mes amis*«, antworte ich und will Susanne und Chris holen, doch da kommen sie schon herein. Wir legen uns erschöpft auf den Boden, sind ziemlich fertig.

»Ist das hier Anefis?« fragt Chris den Alten.

»Nein, ihr seid in Tabankort!« antwortet der.

Wir müssen das Dorf Anefis im Sandsturm durchquert haben, ohne es zu merken. Hier, in der Tuaregsiedlung Tabankort, wäre uns das ja auch fast passiert.

Ich frage den Alten, ob der Sandsturm wohl noch lange dauern wird. Er weiß es natürlich auch nicht. »*Inshallah! –* So Allah will!« ist hier das Maß aller Dinge.

Doch er erteilt mir eine andere, unerwartet präzise Auskunft: Noch ungefähr fünfzig Kilometer, meint der Alte, dann sei der *vent de sable*, der Sandsturm, zu Ende. Ich habe die falsche Frage gestellt, denn eine örtliche Begrenzung ist natürlich viel logischer, viel vorhersehbarer als eine zeitliche.

Jedenfalls sind wir jetzt ganz nah an der Gabelung der beiden Pisten nach Gao. Zweihundert Kilometer sind es von hier

Bewohner von Tabankort

auf der kürzeren, vierzig mehr auf der längeren Piste bis in die Stadt am Niger. In jedem Fall nicht gerade wenig für einen Nachmittag, vor allem, wenn davon die Hälfte auch noch im Sandsturm zu fahren ist. Wir können es nur versuchen, in der Hoffnung, heute abend auf unsere beendete Saharadurchquerung und auf den Beginn unserer Reise durch Schwarzafrika anstoßen zu können.

Werden wir die Abzweigung im Chaos aus Sand und Staub überhaupt finden? Zwei Kilometer müßten wir zurückfahren, meint der Alte, dann würden wir auf die Piste nach Agamor und Bourem stoßen. Dort wollen wir jedoch gerade nicht hin, denn diese Piste ist die längere der beiden Routen nach Gao. Über sie erreichen wir die Stadt heute mit Sicherheit nicht mehr, zumal uns womöglich vorher auch noch der Sprit ausgeht.

Aber vielleicht sind wir ja schon auf dem richtigen Pistenabschnitt. Zur Sicherheit hole ich aus dem Gepäck eine der sehr genauen Karten des französischen »Institut Geographique Nationale«, das Blatt »Tabankort«, heraus, und entnehme ihr den Namen eines Ortes, der auf unserer Strecke liegt. Tabrichat heißt das nächste Dorf – vielleicht ist es auch nur ein Brunnen –, etwa zwanzig Kilometer entfernt. Der Alte kennt den Namen jedenfalls: »*Toujours tout droit* – immer geradeaus!«

Draußen tobt der Sturm noch immer unvermindert. Nur manchmal, wenn der Wind eine Lücke in die Sandschwaden bläst, ist über uns eine blasse Sonnenscheibe zu erkennen. Mit jedem weiteren Kilometer wird der Sandnebel über uns durchsichtiger, nimmt der Wind ab. Schon bald wehen nur noch niedrige Staubböen über die Piste. Eine von wenigen dürren Bäumen und Büschen bestandene Savanne verdrängt das seit Wochen vertraute Bild der Sand- und Steinwüsten, wird immer mehr zu einer Einöde von unsäglicher Monotonie.

Das ausgetrocknete, bei Regenzeit manchmal vom Nigerhochwasser überschwemmte Vallée du Tilemsi liegt vor uns: So weit das Auge reicht, nichts anderes als das Netzwerk zersprungenen Schwemmtonbodens, Ornamente des Durstes.

Wir halten an, reißen uns Helm und Sturmhaube vom Kopf. Es ist unglaublich, wie wir aussehen: rote, entzündete Augen, staubverkrustete, aufgesprungene Lippen und Nasen. Wir wagen nicht, uns mit dem wenigen verbliebenen Wasser das Gesicht zu waschen. Augentropfen und Fettcreme bringen ein wenig Linderung, bedecken die Haut mit einer Schmiere aus Sand und Staub. Wir sind total erschöpft, viel länger hätte diese Hölle nicht mehr andauern dürfen. Seit dem unterbrochenen Frühstück von heute morgen haben wir nichts gegessen. Unsere letzten Kekse aus Tamanrasset – wir nennen

Christophes Gesicht zeigt die hinter uns liegenden Strapazen

sie wegen des Geschmacks Fesch-Fesch-Kekse – munden geradezu köstlich. Ausgestreckt liegen wir auf dem rissigen Boden, kämpfen mit dem Schlaf.

Das Geräusch eines Autos kommt näher. Ein ungewöhnliches Fahrzeug braust mit hohem Tempo über die Piste, ein riesiger amerikanischer Allrad-Chevrolet vom Typ »Blazer«. Es sind Deutsche, die wir im malischen Grenzort Tessalit schon einmal gesehen haben. Ich springe auf, winke mit beiden Armen, will sie anhalten und um Wasser bitten, doch sie blinken uns nur an, fahren mit unverminderter Geschwindigkeit an uns vorüber.

»Solche Schweine!« schimpft Chris.

Erst fünfzig Kilometer nach Tabankort treffen wir auf die ersten Anzeichen menschlicher Besiedlung, den Brunnen von In-Tassit. Rinder, so dürr, daß man fast jeden Knochen sieht, drängen sich an nahezu ausgetrockneten Schlammlöchern. Noch immer kein Wasser für uns, denn unsere Entkeimungstabletten können die dunkelbraune Dreckbrühe wohl kaum trinkbar machen.

Ein aus Fernsehberichten und Zeitungsreportagen nur zu gut bekanntes Bild wird hier hautnahe, bedrückende Realität. Wir sind im Elendsviertel Afrikas, der Sahelzone: Zerlumpte, bis zum Skelett abgemagerte Schwarze, nackte Kinder mit dicken Wasserbäuchen, ein Heer von Fliegen auf Augen und Mündern, umringen uns, betrachten uns mit scheuem, zugleich traurigem Blick, betteln zaghaft um Essen, Kleidung, Zigaretten, Medikamente gegen Kopf-, Augen-, Ohren- und Bauchschmerzen.

Wir sind deprimiert, fühlen uns fehl am Platze in einer Welt, wo eine unerbittliche Natur Mensch und Tier ums nackte Überleben kämpfen läßt, wo selbst das wenige, das wir bei uns haben, unvorstellbarer Reichtum ist. Drei Packungen Nudeln und Reis sind alles, was nach über vier Wochen Sahara noch von unseren Vorräten übrig ist. Ich gebe alles einer wahrscheinlich noch jungen, vom Gesichtsausdruck jedoch uralten Frau. Ein kurzes Lächeln erhellt ihr verhärmtes, eingefallenes Gesicht.

Die Verpflichtung zu helfen, wird mit jeder Sekunde, die wir länger an diesem Ort des Elends bleiben, stärker. Nur zu deutlich hat uns das Verhalten der Chevrolet-Fahrer spüren lassen, wie es ist, um Hilfe zu bitten und ignoriert zu werden. Wir fangen an auszupacken, verteilen den Großteil dessen, was unser Gepäck an Kleidung und Medikamenten enthält.

Den 150-Kilometer-Katzensprung nach Gao werden wir auch mit dem, was wir am Leib haben, schaffen. Danach gibt's ohnehin Nachschub in den Städten und Märkten Malis, einem für die Menschen der Sahelzone räumlich wie finanziell unerreichbaren Schlaraffenland.

Wir müssen weiter, es ist schon spät. Zuvor bauen wir noch unsere Luftfilter aus. Es ist ein Wunder, daß die Motoren überhaupt noch liefen. Das Luftfiltergehäuse ist zu einem Viertel mit Sand aufgefüllt, die Schaumstoffelemente sind hellgelb statt schwarz. Wir klopfen sie aus, so gut es geht. Benzin zur gründlicheren Reinigung wollen wir nicht opfern. Dafür klingen unsere Tanks schon viel zu hohl, ist der kostbare Sprit zu knapp.

Die Hauptpiste wird für uns unbefahrbar. Steinharte Kanten und Einbrüche, achstief in den Boden gefräste Spurrinnen zwillingsbereifter Lkws und riesige Wühllöcher zeugen davon, daß diese Strecke bei Nässe zum Sumpf, bei Trockenheit zur Falle werden kann, denn die harte Kruste an der Oberfläche ist nur dünn. Für Motorräder allerdings dick genug. Wir düsen hundert Meter neben den Spuren mit achtzig über die ebene Fläche. Mumifizierte Tierkadaver säumen die Strecke als makabere Wegweiser.

Auf dem harten und ebenen Untergrund kommen wir gut voran, legen bis sechs Uhr abends hundertsiebzig Kilometer zurück. Noch eine Stunde bis zur Dunkelheit, das muß für die restlichen dreißig bis vierzig Kilometer nach Gao genügen, denn Wasser haben wir inzwischen so gut wie keines mehr. Auch die anderen Brunnen waren nicht mehr als völlig verdreckte Schlammlöcher. Hoffentlich reicht wenigstens unser Benzin bis zur Bourem-Piste, auf die wir etwa vier Kilometer vor Gao stoßen sollten. Ab dort dürfte der Verkehr dicht genug sein, um problemlos zur nächsten Tankstelle mitgenommen zu werden. Auf dieser gottverlassenen Strecke scheint hingegen niemand zu fahren, der »Blazer« war das einzige Fahrzeug, das wir getroffen haben.

Die nächsten zwanzig Kilometer helfen uns auch nicht gerade beim Benzinsparen: Ein Feld dichtbewachsener Kleindünen, durch das sich die tief verspurte Piste in engen Kurven hindurchschlängelt, läßt sich nun mal nicht mit geschlossenem Gas befahren. Wären wir nicht so erledigt, könnten wir die wilde Bolzerei über die Dünen, dieses Abschiedsgeschenk der Sahara, noch mal genießen, doch in unserem Zustand wird die Fahrt zur Quälerei. Die Kraft reicht einfach nicht mehr, um die Maschine zu beherrschen. Immer häufiger schießen wir über den Außenrand der »Sandschienen« hinaus ins Gestrüpp. Auf Fahrstil legt heute jedoch keiner von uns mehr Wert. Die Hauptsache ist, daß wir nicht stürzen. Ein paarmal fehlt allerdings nicht viel.

Unvermittelt taucht vor uns eine kleine Karawane auf, doch diesmal keine halbverhungerten Nomaden, sondern gepflegt aussehende Tuareg in tiefblauem Burnus, den Chech ordentlich um den Kopf gewickelt und hoch zu Kamel. Freundlich grüßend reiten sie vorbei. Gao kann nicht mehr weit sein. Ich bilde mir ein, das Wasser des Niger schon zu riechen.

Das Dünenfeld wird von einem malerischen Palmenhain abgelöst, und einige hundert Meter weiter mündet unsere kleine Piste im spitzem Winkel in eine breite Wellblechpiste ein. Geschafft!

Ein Buschtaxi mit hölzernem Aufbau, vollgestopft mit buntgekleideten schwarzen Frauen kommt uns entgegen. Aufgedreht winken und rufen sie uns zu, begrüßen uns mit lautem Zungentrillern. Die ersten Hütten und Häuser tauchen auf, eine Kreuzung mit Verkehrszeichen. Es ist, als würden wir nach Jahren in der Wüste die Zivilisation erreichen. Kinder laufen neben uns her, rufen etwas, das wir nicht gleich verstehen: »*Le Rallye! Le Rallye! Le Rallye!*« Sie glauben, wir gehören schon zur Paris–Dakar-Rallye. Die ist heute jedoch noch in Paris und wird wohl erst in ein bis zwei Wochen hier eintreffen. Die Tankstelle am Ortsanfang ist unser erstes Ziel, denn viel leerer dürfen unsere Spritbehälter nicht mehr werden.

Das Stadtzentrum – rote, flache Lehmhäuser, ungeteerte Straßen voller Autos, Kamele, Esel, Ziegen und schwarzer Menschen in den verschiedensten Trachten – ist nach der Ruhe und Einsamkeit der Sahara ein überwältigender Anblick. Gao ist Marktzentrum und riesiger Schmelztiegel für

Der Hafen von Gao am Niger

Stämme der Südsahara, der Sahelzone und Westafrikas, ein buntes Gemisch aus Tuareg, Bambara, Songhai, Haussa und Dogon.

Es wird gerade dunkel, als wir den Campingplatz der Stadt erreichen, ein maschendrahtumzäuntes, enges Gelände, ein riesiger, von Bettlern und Händlern umlagerter »Hühnerstall«. Touristenfahrzeuge und einige sichtlich saharageschädigte »Schieberautos« parken dort. Es wird geschraubt und gebastelt, was das Zeug hält.

Der Fluß – tiefblau, breit und träge, wälzt er sich dahin. Das andere Ufer ist kaum erkennbar. Pirogen, die Verkehrsmittel des Niger, treiben mit der Strömung. Weit draußen tuckert ein großes, flaches Frachtschiff vorbei. Der breite

Strom wirkt nach über einem Monat Sahara wie ein Ozean auf uns.

»Atlantide« heißt das große, alte Hotel neben dem Fluß. Keine Frage, daß wir es nach allem, was wir heute hinter uns gebracht haben, dem grauenhaften Campingplatz vorziehen. Sterne hat das »Atlantide« keine, verdient wohl auch eher Kreuze, dafür besitzt es ein Restaurant mit Bar. Dorthin führt unser Weg als allererstes. Ein Bier zum Runterspülen des Sandes, ein weiteres gegen den Durst, ein *poulet rôti* gegen den Hunger, noch mal ein Bier zum Entspannen. Letzteres funktioniert so gut, daß wir den Jahreswechsel beinah in unserem Zimmer verschlafen. Um zehn vor zwölf wachen wir auf, rennen rüber ins Restaurant. Die Deutschen, die wir vor einigen Stunden noch verdammt haben, begrüßen uns mit großem Hallo, spendieren Sekt aus ihren Vorräten. Sie waren gar nicht auf die Idee gekommen, daß wir Hilfe brauchten, wollten einfach schnell nach Gao kommen. Mein verzweifeltes Winken hatten sie für einen Gruß gehalten . . .

Im klimatisierten Chevrolet erlebt man die Wüste halt doch etwas anders als auf dem Motorrad.

Geisterfahrer

Ganz gleich aus welcher Richtung man kommt, der fast 1400 Meter hohe Edjeleh stellt einen wichtigen Orientierungspunkt dar, denn der markante Doppelgipfel aus schwarzem Gestein ist die einzige nennenswerte Erhebung in fünftausend Quadratkilometern platter Kieselwüste, in der Ebene von Gharis. Eigentlich ist diese Fläche für Saharaverhältnisse nicht einmal besonders groß, allerdings riesig genug, um dem menschlichen Auge unermeßliche Weite vorzugaukeln. Immerhin nahezu hundert Kilometer fährt man auf tischebener Kieselwüste schnurgeradeaus, kreuzt nur gelegentlich die breiten Spurenbündel der Lkw-Piste von Hassi bel Gebbour nach In Ecker.

An einem staubfreien Tag erlebt man auf der Gharis-Ebene den schon von Saint-Exupéry und Michael Ende beschriebenen »Scheinriesen-Effekt«. Die extrem trockene, nahezu flimmerfreie Wüstenluft macht's möglich: Vermeintlich große Erhebungen entpuppen sich beim Näherkommen als lächerlich kleine Hügel, Felsbrocken oder Büsche. Denn wie auf dem Meer verschwinden Gegenstände, die nicht größer sind als man selbst, erst nach gut neunzig Kilometer hinter dem Horizont. Eine Tuareg-Geschichte verdeutlicht diesen Effekt, natürlich etwas übertreibend:

»Eine Salzkarawane war auf dem langen Weg von Agadez nach Bilma. Der Führer kannte den schwierigen Weg wie nur wenige andere. Am Rand des gefürchtetsten Teils der Ténéré-Wüste, einer von Horizont zu Horizont tischebenen Sandfläche, wurde er von einem Skorpion gestochen und bekam hohes Fieber. Er sagte zu den Besitzern der Karawane: ›Laßt eine sauber geputzte Teekanne an dieser Stelle stehen, sie wird euch auf dem Rückweg helfen.‹ Mit letzter Kraft führte er die Karawane nach Bilma und starb. Nachdem sie ihn begraben und Salz geladen hatten, machten sie sich auf den Rückweg, erreichten nach zwei Tagen die gefürchtete Ebene.

Der Wind hatte alle ihre Spuren verweht, sie hatten Angst, sich zu verirren. Da tauchte am Horizont ein kleiner, in der Sonne glitzernder Punkt auf. Sie gingen einen Tag lang darauf zu, erkannten am Abend, daß es eine Teekanne war. Sie gingen noch einen Tag darauf zu, erkannten, daß es ihre Teekanne war. Am Abend des dritten Tages erreichten sie die Stelle, wo das Gefäß lag. Von hier fanden sie den Weg nach Agadez zurück.«

Es ist Anfang Januar. Von Süden kommend, erreichen wir den Edjeleh. Das breite Tal des Oued Igharghar öffnet sich endgültig zu unüberschaubarer Weite, ergießt sich in die Gharis-Ebene wie ein Fluß ins Meer. Ganz weit rechts von uns sind die weißen Dünen des Erg Telachimt zu erkennen, das zwanzig Kilometer entfernte östliche Ufer des Oued. Durch die Wasserscheide des Hoggargebirges von seinem südlichen Zwilling abgetrennt, entspringt der riesige Trokkenfluß an der Nordabdachung des Atakor, des Hoggarzentralmassivs. Dort ist das Wadi noch relativ eng, verläuft als idyllisches, vegetations- und wildreiches Tal zwischen den malerisch-bizarren Bergketten des Teffedest-Hauptmassivs im Westen und dem sandverwehten Weißen Teffedest im Osten. Diese Strecke, wohl eine der schönsten der algerischen Sahara, war noch 1982 eine kaum bekannte Querfeldeinroute, die als Geheimtip gehandelte »Teffedest-Ostumgehung«. Inzwischen hat sich eine schmale Piste gebildet, es gibt keine Orientierungsschwierigkeiten mehr.

An der Nordspitze des Teffedest ragt der legendäre »Geisterberg« mit der U-Boot-Silhouette, der Garet el Djenoun, 2330 Meter in den Himmel. Schon etliche Male bin ich hier vorbeigekommen, in seinen Hängen und Wänden zu spektakulären Aussichtspunkten geklettert. Dabei mußte ich von Mal zu Mal mehr akzeptieren, daß es in seiner Nähe wohl doch nicht mit rechten Dingen zugeht, denn immer ereignete sich dort etwas ebenso Ungewöhnliches wie Unangenehmes. Die Palette der technischen Defekte reicht von der Reifenpanne über Vergaserleck, Elektrikausfall, Ölwannenriß und Ventilsitzbruch bis zum von der Hinterradkette des Motorrads in voller Fahrt »gefressenen« Pullover. Auch menschliche »Pannen« gab es immer wieder: Augenentzündung, Bluterguß durch Heuschreckenangriff, ein verirrter Mitreisender und ein Vergessener. Selbst Einheimische blieben von den *djenoun*, den bösen Geistern des Garet, nicht verschont, nicht einmal die Erbauer des dort gegrabenen Brunnens. Was für jeden Targui ein Witz über die Ungeschicklichkeit mancher Touristen ist, passierte ihnen hier selbst: Beim Wasserholen löste sich ein Knoten – Seil und Eimer liegen nun am Grund des dreißig Meter tiefen Schachts! So fällt es mir inzwischen ganz schön schwer, mich am Garet el Djenoun dem Teufelskreis der sogenannten *self-fulfilling prophecy* zu entziehen. Diesmal scheint jedoch alles gutzugehen. Wir haben den Edjeleh erreicht, sind schon knapp siebzig Kilometer nördlich des Geisterberges.

Zu früh gefreut! Denn was nun passiert, sieht verdammt nach einem Streich böser Garet-Geister aus: Mit ungeheurem Lärm kommt etwas in dieser Landschaft schier Unfaßbares, ein knallroter Hubschrauber, um den Berg herumgeflogen, rast auf uns zu, donnert mit aufgeblendeten Scheinwerfern im Tiefflug über uns hinweg. Wir legen eine Vollbremsung hin, der Sog der Rotorblätter blockiert uns die Sicht mit einer Wand aus Staub. Sind die denn wahnsinnig?!

Der Helikopter dreht um, »parkt« etwa zehn Meter über uns in der Luft. Eine Art Marsmensch mit Trichternase und Kugelohren streckt seinen Kopf aus einem der Fenster. Wir können im ohrenbetäubenden Wummern der Rotoren kein Wort von dem verstehen, was der Typ uns über sein Megaphon zuruft, d. h., eines kristallisiert sich langsam heraus: ». . .Rallye. . .!«

Der Groschen ist gefallen: Die Rallye Paris – Dakar kommt uns entgegen, rund fünfhundert auf Teufel komm raus über die Gharis-Ebene rasende Autos, Motorräder und Lkws! Der Hubschrauber dreht ab, fliegt hinüber zum Edjeleh. An des-

Vor dem Garet el Djenoun

sen Fuß verläuft die In-Ecker-Piste. Ich kann mich dunkel an den Streckenplan der diesjährigen Rallye erinnern. Die Etappe In Salah–Amguid–Tamanrasset ist eine der härtesten Sonderprüfungen, dürfte das Teilnehmerfeld vor allem wegen ihrer wahnwitzigen Länge erheblich reduzieren: Knapp 900 Kilometer, davon 700 offroad, davon wiederum 300 Kilometer über holprige Bergstrecken, an einem Tage zurückzulegen, bedeutet – milde ausgedrückt – aufs Ganze zu gehen.

Die erste Staubwolke taucht am Horizont auf. An ihrer Spitze hängt ein rotweißes, flaches Etwas, rast mit unglaublichem Tempo wie ein Luftkissenfahrzeug über den Sand. Je näher es kommt, desto deutlicher erkennen wir, daß das vermeintliche Gleiten in Wirklichkeit eine Aneinanderreihung mörderischer Luftsprünge ist. Bei dieser Geschwindigkeit wird selbst eine Ebene wie die von Gharis zur Buckelpiste.

Es ist einer der beiden Werks-Porsche 959, die dieses Jahr als erklärte Favoriten an der Rallye teilnehmen. Das Geschoß hält direkten Kurs auf uns. Wir blinken mit den Lichthupen, hoffen, daß der Pilot bei der aberwitzigen Geschwindigkeit seiner Wüstenrakete unsere Zeichen sieht. Er blinkt zurück, rast mit einem Tempo, das selbst auf deutschen Autobahnüberholspuren selten gefahren werden kann, in Steinwurfweite an uns vorbei. Immer wieder sind alle vier Räder gut einen Meter hoch und mindestens fünfmal so weit in der Luft!

Die Verfolger lassen nicht lange auf sich warten. Zwei weitere Staubwolken bauen sich am Horizont auf, kommen mit nicht minder verblüffender Geschwindigkeit auf uns zu. Das zweite Fahrzeug ist ganz offensichtlich auch ein Auto, eines jener hochbeinigen Rallyevehikel, bei denen man nur noch mit Mühe erkennen kann, auf welchem Serienfahrzeug sie basieren. Beim dritten Gefährt handelt es sich um ein Motorrad, eine Maschine auf BMW-Basis, von geradezu gigantischen Abmessungen. Je näher sie kommt, desto deutlicher wird allerdings, daß dieser Eindruck eher durch die Größe des Fahrers entsteht. Unverkennbar fährt dort einer der bekanntesten Rallye-Stars, der kleine Belgier Gaston Rahier.

Dort, wo schon der Porsche wie ein Gummiball gesprungen ist, scheint eine Serie besonders starker Bodenwellen zu sein. Der Pilot des zweiten Wagens verliert um Haaresbreite die Kontrolle über sein Fahrzeug. Nach wilden Kapriolen, die beinahe zu einem Überschlag führen, kann er das Auto gerade noch abfangen. Das wäre bei – vorsichtig geschätzten – hundertfünfzig Sachen wohl das Ende gewesen. Während wir noch den Atem anhalten, nutzt Rahier die Gelegenheit. Wie vom Katapult geschossen, jagt er an seinem vierrädrigen Konkurrenten vorbei, findet dabei sogar noch eine halbe Sekunde Zeit, um lässig zu uns herüberzuwinken. Den Bodenwellen ist er offensichtlich geschickt ausgewichen, denn relativ ruhig und ohne größere Sprünge entschwindet er in Richtung der bereits weit entfernten Porsche-Staubwolke.

Auf der einen Seite ist dieses Geschehen natürlich recht interessant, auf der anderen ein abruptes Erwachen aus der Idylle unserer zivilisationsfernen Saharareise. Unsere zwiespältigen Gefühle darüber werden jedoch erst einmal nebensächlich, denn weit vor uns wächst die Zahl der Staubwolken beängstigend an. Eine Phalanx von rund zwei Dutzend Fahrzeugen rast direkt auf uns zu. Allmählich haben wir das Gefühl, in Schußrichtung zu stehen. Daß diese Angst nicht unbegründet ist, bekommen wir wenig später zu spüren, als der Pulk aus Autos und Motorrädern auf beiden Seiten an uns vorbeidonnert und röhrt, einige so dicht, als wollten sie uns über den Haufen fahren. Wir werden angehupt und angeblinkt, bekommen Grußzeichen ebenso wie weniger Höfliches zu sehen. Da scheint mancher tatsächlich zu glauben, er sei auf einer abgeschlossenen Rennstrecke, wo »Unbefugte« nichts zu suchen hätten.

Es wird Zeit, sich nach geeigneter Deckung umzusehen. Davon steht hier jedoch nicht gerade viel zur Auswahl. Eine Kette schwarzer Striche und Punkte weit vor uns, wahrscheinlich der Vegetationsgürtel eines vom Edjeleh kommenden Oueds, bietet sich als einziges an. Wir fahren so schnell wie möglich darauf zu, erreichen die erste etwas stattlichere

Akazie, als die nächste Gruppe schon gefährlich nahe ist. Allerdings scheinen unsere beiden Staubwolken bei den Rallye-Fahrern für einen gehörigen »Geisterfahrer«-Effekt zu sorgen. Sie blinken uns mit den Scheinwerfern an, umfahren unsere Deckung in weitem Bogen.

Was sollen wir tun? Hier zu warten würde bedeuten, unsere geplante Übernachtung im Erg Amguid zu streichen, denn bis alle vorbei sind, wird es mit Sicherheit Mitternacht. Nur die schnellsten der vielen hundert Rallye-Teilnehmer dürften den Edjeleh bei Tageslicht passieren.

Am sichersten wäre es, in Richtung Osten abzudrehen, an den nördlichen Ausläufern des Erg Telachimt entlang zum Erg Amguid hochzufahren. Doch die Erinnerung an endlose Felder mörderischer Riesensandrippel – genau dort drüben auf einer früheren Reise ausgiebigst genossen – hält uns davon ab. Zudem scheint sich das Feld der Rallye mehr und mehr auseinanderzuziehen. Statt ganzer Pulks passieren uns nur noch einzelne Fahrzeuge, allenfalls Zweier- und Dreiergruppen.

Im selben Maß scheinen auch die Orientierungsschwierigkeiten der Rennfahrer zuzunehmen. Denn auch die Breite des Rallye-Kurses hat sich gewaltig vergrößert. Einige umfahren den Edjeleh sogar auf seiner Westseite. »Viel Vergnügen!« wünschen wir den Ärmsten, erinnern uns mit Grausen an diese Marterstrecke aus Tausenden kleiner Oueds und Abflußrinnen.

Nach einer größeren Lücke taucht kilometerweit rechts von uns ein einzelner Motorradfahrer auf. Durch das Fernglas beobachte ich ihn. Anscheinend weiß er nicht mehr, wo's lang geht, fährt einen großen Kreisbogen, dann einen Haken nach links, nach einem längeren Geradeausstück wieder einen Haken nach rechts, um zielstrebig auf den Südteil des Erg Telachimt zuzurasen. Ganz offensichtlich folgt er den Spuren, die wir bei der Fahrt von unserer Mittagsrast im Erg bis hierher in den Sand gefräst haben. Das kann ins Auge gehen! Sollen wir ihm hinterherfahren? Große Lust haben dazu weder

Christophe noch ich, geschweige denn Mujiba. Dazu kommt, daß wegen der Riesenentfernung von Djanet nach Hassi bel Gebbour – gut tausend Kilometer – unsere Benzinreserven knapp kalkuliert sind und keine großen Umwege erlauben.

Ich drehe das Motorrad mit dem Scheinwerfer in die Richtung des Rallye-Fahrers, signalisiere mit der Lichthupe, als er noch einmal anhält. Er hat uns gesehen, dreht um und rast zu uns herüber. Kein Rallye-Profi, sondern ein amerikanischer Amateur mit nicht viel weniger Gepäck an seiner Yamaha TT 600 als wir an den unsrigen.

»Am Fuß des großen Berges dort drüben findest du die Piste nach In Ecker« erkläre ich ihm in Englisch, deute auf den Edjeleh. Ein Stein fällt ihm vom Herzen, denn schon eine gute Stunde hat er keinen anderen Rallyeteilnehmer mehr gesehen, war bei dem Versuch abzukürzen an den Ostrand der Gharis-Ebene geraten.

Nach »*thanks and good luck!*« düst er los, kann Glück sicher besser gebrauchen als wir, denn knapp zweihundertfünfzig Kilometer Piste, danach fast noch mal dieselbe Distanz auf zerlöcherter Asphaltstraße, sind für ihn heute noch angesagt. Da gibt's in »Tam« wohl eher Frühstück als Abendessen. Wenn er es überhaupt schafft, denn nachts und unter Rallye-Leistungsdruck ist eine unfallfreie Fahrt dorthin wohl Glückssache.

Mit aufgeblendeten Scheinwerfern brettern wir los in Richtung Norden, nützen jedes Fesch-Fesch-Loch, um unsere Staubwolke respekteinflößend aufzublähen. Tatsächlich funktioniert unsere Geisterfahrer-Methode bestens. Alle Entgegenkommenden, inzwischen mehr Autos als Motorräder, passieren uns rechts oder links in gehörigem Abstand.

Dann tauchen sie plötzlich auf, die Giganten der Rallye, die Trucks. Nicht viel langsamer als ihre kleineren Kollegen donnern die Ungetüme vor ihren turmhohen Staubwolken her, halten sich zu unserem Glück an die vorhandenen Spurenbündel, während wir auf dem dazwischenliegenden unverspurten Gelände bleiben. Beeindruckend, wie die Sechsrad-

46

Monster mit ihren riesigen Reifen über Löcher, Stufen und Bodenwellen gleiten, die Pkw und Motorräder meterhoch in die Luft katapultieren. Ein ganz besonders skurriles Gefährt mit einem Fahrerhaus an jedem Ende und dazwischen ein Spoiler groß wie ein Starfighter-Leitwerk, liegt an der Spitze des Feldes.

Unmittelbar vor dem Erg Amguid kreuzen wir die in West-Ost-Richtung verlaufende Piste von In Salah nach Amguid im rechten Winkel – richtig gesagt, wir würden sie gerne kreuzen. Das ist leichter gesagt als getan, denn die Rennfahrer rasen auf diesem Streckenabschnitt in wahnwitzig dichtem Abstand hintereinander her.

Das große Wellblech der Piste läßt sie zudem besonders schnell fahren, denn erst bei hohem Tempo schweben die Fahrzeuge sozusagen über die Rüttelpiste, berühren die Räder nur noch die Gipfel der Querrinnen, statt jede Welle auszufahren.

Der soeben untergehende Sonnenball macht zudem auch dem letzten klar, daß neunhundert Kilometer Saharapiste Nachtfahrt bedeuten. Die Angst vor dem Ende des Tageslichts scheint viele der Rallyefahrer zu besonders schneller Fahrt zu verleiten.

Wenn wir noch lange auf eine Lücke im Fluß des Rallyeverkehrs warten, können wir unsere Übernachtung in den Dünen des Erg Amguid doch noch vergessen. Also nichts wie mit Karacho auf die andere Seite der Piste!

Für Chris und mich heißt es dabei, aufpassen wie die Schießhunde, für Mujiba festhalten, denn die seitlichen Ränder der zahlreichen tiefen Wellblechspuren sind harte und hohe Sprungschanzen!

Nun heißt es nur nicht auf dem Vorderrad landen! Mit Gewichtsverlagerung und Vollgas kämpfen wir gegen die Kopflastigkeit der 46-Liter-Tanks an. Bei den Gewaltsprüngen geht sogar die extrem langhubige, durch Spezialstoßdämpfer verstärkte Federung unserer motorisierten Wüstenschiffe auf Anschlag.

Karawane am Erg Amguid

Wenig später haben wir auch das hinter uns, lagern hoch über der Ebene auf dem abgerundeten Rücken einer riesigen Düne des Erg Amguid. Von hier läßt sich das surrealistische Schauspiel unter uns wie von einem Logenplatz aus verfolgen. Stunde um Stunde wälzt sich die Blechkarawane dahin, tanzen Scheinwerfer zwischen mondlichtbeschienenen Staubwolken auf und ab.

Eine schrille Symphonie aus röhrenden Motoren und wellblechgequältem Metall zerreißt die Stille der Wüstennacht. Immer mehr weicht die Faszination, die die Rallye Paris – Dakar bisher noch auf uns ausgeübt hat, der Erkenntnis, daß man für so eine Veranstaltung reichlich masochistisch veranlagt sein muß.

Eine gefährliche Begegnung

Endlich raus aus Djanet, der »Perle der Oasen«! Wir lassen die beiden Geländewagen laufen, sind unendlich froh, die Stadt verlassen zu können, wieder offene Wüste vor uns zu haben. Was für ein herrliches, befreiendes Gefühl, dem »Benzinkrieg« entkommen zu sein, was für ein Hochgenuß, über die tischebenen Sandflächen der nördlichen Ténéré du Tafassasset nach Süden zu »fliegen«! Wohl keiner in unserer achtköpfigen Gruppe, dem die grenzenlose Weite, die unberührte Leere dieser Bilderbuchwüste jetzt nicht wie das Paradies erschiene, der nicht den Sinn eines alten arabischen Sprichworts bis ins Innerste nachempfindet: »Die Sahara ist der Garten Allahs. Er hat alles Lebende und Störende aus ihr vertrieben, damit es einen Ort gebe, wo man in Frieden leben kann.«

Friedlich war sie nicht, die letzte Woche in der aus allen Nähten platzenden, von tagtäglich neu ankommenden Saharatouristen überschwemmten Oase – schon gar nicht nach einem halben Monat totaler Einsamkeit, nach einer Reise durch das unberührte »Outback« Zentralalgeriens. Doch selbst wenn wir gewußt hätten, daß die einzige Tankstelle der Stadt auf dem trockenen sitzt, der Benzinnachschub für so lange Zeit ausfallen würde, wäre uns keine andere Wahl geblieben, hätten wir Djanet trotzdem anfahren müssen. Denn seit der Tuareg-Führer Cheikh und ich unsere kleine Reisegruppe am Flugplatz von In Salah abgeholt hatten, liegen über zwölfhundert tankstellenlose Kilometer hinter uns. Noch einmal soviel durch den äußersten Süden des Landes trennen uns von der nächsten Zapfsäule, zu weit selbst für die langen Kanisterbatterien auf den Dachgepäckträgern unserer beiden Landcruiser.

So blieb uns nichts anderes übrig, als auszuharren, zusammen mit den Massen der vom gleichen Schicksal Betroffenen auf das Eintreffen des ersten Tanklasters zu warten, tagelang das Geschwätz der »Four-wheel-drive-Fetischisten«, das selbstbeweihräuchernde Saharalatein der »modernen Abenteurer«, die Wutanfälle gestreßter Neokolonialisten zu ertragen.

Erst am sechsten Tag des Nervenkrieges, zu einem Zeitpunkt, da schon fast kein Motorenlärm mehr in Djanet zu hören war, selbst Polizei und Militär zu Fuß gehen mußten, rollte unerwartet ein Tanklastzug in die Stadt, wurde von den treibstofflosen Massen begrüßt wie ein Feldherr auf seinem Siegeszug. Dabei war die Schlacht noch gar nicht gekämpft. Erst jetzt wird sie auf dem Tankstellengelände ausgefochten, ein gnadenloser Krieg der Rücksichtslosen gegen die Ängstlichen, der Schlangensteher gegen die Vordrängler, entnervter Touristen gegen energische Djaneter.

Selbst als Cheikh auf seinen Status als Chef einer algerischen »Agence de voyage« pochte, bekam er zu spüren, daß das Verhältnis zwischen Hoggar-Tuareg und hiesigen Ajjer-Stämmen nicht gerade freundschaftlich ist. Wegen seines Tamanrasset-Nummernschildes wurde er fast wie ein Ausländer behandelt. Daß die sechs Mitglieder unserer Reisegruppe an Rückflugtermine gebunden sind, wir ohnehin schon durch die Warterei unter Zeitdruck stehen, interssierte weder die Touristenpolizei noch den Tankstellenchef.

Wenigstens war unsere Warteposition nicht schlecht. Wir hatten kaum ein Dutzend Fahrzeuge vor uns, standen zum Glück in der richtigen der drei Autoschlangen, nämlich vor der einzigen Zapfsäule, die in Betrieb genommen wurde. Hinter uns staute sich der Verkehr bis in den Ort hinein, blokkierte das Gelände, breitete sich aus wie ein zwanzigspuriger Fächer. Schon bald brach totales Chaos aus. Dutzendweise drängten sich Einheimische mit fässerbeladenen Kleinlastern seitlich in die Warteschlangen. Da nützten weder Hupkonzerte noch Wutausbrüche, sondern nur gute Nerven, Rücksichtslosigkeit und materialverachtende Kaltschnäuzigkeit, wie man sie im Verkehrsgewühl von Städten wie Kairo, Lagos oder Mexiko erlernen kann. Die Nase vorn behalten, hieß die De-

Ein Kunstwerk der Natur

vise. Von Vorteil, wenn sie wie bei unseren Autos durch respekteinflößende Rammschutzbügel gepanzert ist.

So waren wir tatsächlich die einzigen Touristen, deren Fahrzeuge noch aus dem ersten Tanklastzug befüllt wurden. Gegen Mittag düsten wir erleichtert davon, während es auf dem Tankstellengelände zu ersten Handgreiflichkeiten kam.

Der »Zuckerhut« des Mont Tiska, letzter Außenposten des Tassili N'Ajjer und unser Wegweiser seit siebzig Kilometern, gleitet weit im Osten wie ein schwarzer Eisberg im unbewegten Ozean aus Sand an uns vorbei. Seit dem Verlassen der kurzen Teerstraße zwischen Djanet Aerodrome und Djanet Ville haben wir konstant Kurs Süden eingehalten, die Markierungsstangen und vereinzelten Spuren der Berliet-Piste von Djanet nach Bilma weit rechts von uns gelassen. Nichts, aber auch gar nichts ist hier, was unsere Freude über die Leere in Allahs Garten stören könnte. Wir schweben hinein in die Unendlichkeit dieser Wüste, auf einer von Horizont zu Horizont tischebenen Fläche, über konturlosen, auch nicht durch den kleinsten Stein oder Grashalm unterbrochenen und von keiner Fahrzeugspur zerschnittenen Sand. Unser Empfinden für Bewegung und Geschwindigkeit ist ausgeschaltet: Fast hundert Stundenkilometer zeigt der Tachometer, dennoch scheint es, als würden wir stehen.

Ich beuge mich aus dem Fenster, schaue hinunter auf das linke Vorderrad des Autos. Fast ohne einzusinken gleitet der breite Reifen über die glatte Oberfläche, schiebt eine feinsandige Bugwelle vor sich her. Gelegentlich bricht er an weichen Stellen plötzlich ein, wirbelt explosionsartige Staubfontänen empor. Faszinierend schnell rast der Boden neben dem Rad vorbei, macht die Geschwindigkeit unserer Fahrt überdeutlich.

Lenkt man den Blick zurück in die Ferne, gaukelt kontrastloses Gelb dem irritierten Auge wieder zeitlupenhaftes Gleiten vor. Das sonore Brummen des großen Dieselmotors, das sanfte Rauschen des Fahrtwindes begleiten die vermeintliche Bewegungslosigkeit unserer Fahrt mit ihrer monotonen, zugleich meditativen Melodie.

Weit neben uns fährt Cheikh, scheint das berauschende, von allen Zwängen losgelöste Fahrgefühl genauso zu geniesen, winkt uns lachend zu, nimmt demonstrativ die Hände vom Lenkrad, klettert zum Spaß sogar auf das Dach seines Toyotas. Ich benutze das Auto als Zeichenstift auf einer gigantischen Leinwand, fahre riesige Kreise und Achter, umrunde Cheikh wie ein Satellit.

Die dunkle Silhouette des fast 1600 Meter hohen Adrar Mariaou schiebt sich vor uns über den Horizont. In den vegetationsreichen kleinen Oueds, die rund um das kilometerlange Bergmassiv entspringen, natürlich nur bei Regen Wasser führen, hoffen wir, Feuerholz für die nächsten Tage zu finden. Auch für die anstehende Mittagsrast wäre der Schatten eines großen Baumes nicht schlecht. Es ist immerhin schon Mitte April, die Temperatur zu hoch, um in der prallen Sonne zu sitzen. Selbst während der Fahrt, im Schatten des windgekühlten Wageninneren, zeigt das Thermometer einundvierzig Grad!

Wir halten uns in Richtung Südsüdost, verlassen schon bald die »Rennstrecke« der Sandebene. Je näher wir den von schwarzen Basaltschuttbergen umgebenen Felstürmen kommen, desto zerklüfteter wird das Gelände, zwingt uns aus der direkten Linie in einen wilden Slalomkurs. Als wäre die obere Hälfte des Berges explodiert, sind Millionen von Felsbrocken aller Größen kilometerweit in der Umgebung des Mariaou verstreut, haben sich im Sandstrahlgebläse des Wüstenwindes zu abgerundeten Skulpturen verwandelt.

Ob von der Erosion abgetragene Vorgebirge oder vulkanische Bombensplitter, Spaß macht es in jedem Fall, einen Weg querbeet durch diese ungewöhnliche Landschaft zu suchen, zwischen monumentalen Kugeln und Eiern, Türmen und Pilzen, Hinkelsteinen und Hünengräbern herumzukurven, über die dazwischenliegenden Wanderdünen zu gleiten.

Schon von weitem erkennen wir ein an der Nordseite des Bergmassivs entspringendes Oued. Sein langgezogener, gewundener Vegetationsstreifen wird mit dem Näherkommen zu einer scheinbar zufälligen Ansammlung von Büschen und Bäumen. Wieder einmal kann das menschliche Auge die Dimensionen der Sahara nicht verarbeiten. Erst rund zwei Kilometer vor dem Mariaou wird dieses Wadi dann eindeutig erkennbar, windet sich in engen, von periodischen Wasserstürzen tief eingeschnittenen Mäandern bergwärts. Die Pflanzen in der Mitte des Flußbetts stehen nun dichter, Büsche und

Koloquinten – die Kürbisse der Wüste

kleine Bäume überragen die in der offenen Wüste dominierenden, gestrüppartigen Pflanzen. Die saftiggrünen Blätterteppiche ausgedehnter Koloquintenfelder bedecken weitflächig den sandigen Boden. Ein Jammer, daß die grapefruitgroßen, knallgelben Kürbisfrüchte nur als Futter für Wildesel und Gazellen taugen – sie sind gallebitter.

Unmittelbar am Fuß des Berges, dort wo das Wadi immer dann als Wildbach entspringt, wenn ihm vom Berg herabstürzendes Regenwasser als Quelle dient, steht eine einzelne Akazie erstaunlicher Größe. Sie muß sehr alt sein, denn ihr Stamm ist mit einem knappen Meter Durchmesser für eine langsam wachsende Wüstenpflanze enorm dick. Der weit ausladende Schirm ihres Wipfels ist breiter als hoch, spendet einen riesigen Kreis dichten Schattens.

Der geradezu ideale Mittagsplatz entschädigt uns für die mühselige Fahrerei bis hinauf zu dem Baum. Nur mit Allradantrieb und Geländeuntersetzung läßt sich der von zahlreichen großen Felsbrocken übersäte, sehr weiche und tiefe Kiesboden des Wadis befahren. Wir parken in respektvollem Abstand von der Akazie, in Sicherheit vor den vielen abgeworfenen, selbst Autoreifen durchdringenden »Eisenstacheln«.

»Attendez un peu et n'oubliez pas votre chaussures!« ruft Cheikh, macht dabei eine schlängelnde Handbewegung.

»Wartet noch einen Moment mit dem Aussteigen, und vergeßt eure Schuhe nicht anzuziehen«, übersetze ich meinen Passagieren. »Hier kann es Vipern geben.«

Inzwischen schockiert diese Möglichkeit keinen mehr. Das Klischeebild von der schlangen- und skorpionwimmelnden Wüste steht nun in der richtigen Relation zur Wirklichkeit. Vor zwei Wochen war die Angst vor giftigen Tieren bei den Saharaneulingen unserer Gruppe noch Grund genug, windstille Nächte im Zelt zu verbringen, auf den Anblick eines unbeschreiblich schönen Sternenhimmels zu verzichten.

Natürlich ist solch ein Trockenfluß ein perfektes Biotop für viele Kleintierarten, auch für Schlangen. Hier dürfte es jedoch, wenn überhaupt, nur die blindschleichengroße Avicenna-Viper geben, neben der Hornviper das zweite für Menschen tödliche Sahara-Reptil. Es hält sich bevorzugt im Bereich felsiger, hin und wieder wasserführender Oueds auf, an Orten wie diesem also. Wie fast alle Schlangen greift sie jedoch nur an, um Beute zu machen. Wegen der praktischeren Portionierung zieht sie dabei in der Regel Eidechsen dem Menschen vor.

Gefahr besteht freilich dann, wenn man die Viper überrascht, in eine Abwehrsituation bringt, aus der sie meint, nicht mehr entfliehen zu können. Das ist in der Regel dann der Fall, wenn man sich genau auf den Stein hockt, wo solch ein Tier gerade in der Sonne badet, wenn man auf es tritt oder sich lautlos heranbewegt, bis man in seinen Fluchtkreis eingedrungen ist. Gefährlich ist laut Cheikhs Aussage vor allem, sich während der wärmeren Jahreszeit unter einen Baum zu setzen, ohne die Vipernfamilie, die dort ihren Mittagsschlaf hält, vorher um Erlaubnis zu fragen.

Unser Tuaregführer durchforstet den Boden rund um die Akazie mit einem langen Ast, stochert in abgebrochenen Zweigen herum, dreht Steine um, klopft selbst das undurchdringliche Stachelgestrüpp über sich ab. Es scheint niemand zu Hause zu sein, das Großreinemachen kann beginnen. Wir säubern den Sand unter dem Baum von Dornen und Steinen, breiten eine große Kamelhaardecke, unseren Picknicktisch, auf dem Boden aus, legen die Schaumstoffmatten drum herum. Wie meist am Anfang langer Selbstversorgungsetappen gibt es auch diesmal Frischkost zu Mittag: Gemüse, Salat und Obst, hart erkämpft auf dem kleinen Markt von Djanet. Eine halbe Stunde später kehrt Ruhe ein, das Essen hat gemundet, Cheikhs Tee und die barbarische Hitze tun ihr übriges. Alle liegen wir im Schatten der Akazie auf unseren Matten, verdauen, dösen, schlafen. Erst in zwei Stunden, wenn die Temperaturen ein wenig gefallen sind, werden wir weiterfahren.

Flach auf dem Boden ausgestreckt, betrachte ich das undurchdringliche Gewirr aus winzigen, federartigen Blättern und Dornen über mir. Kleine gedrehte Schoten hängen an

Mittagsrast im Schatten einer Akazie

den Zweigen, die asketischen Früchte eines Wüstenbaumes, der es sich nicht leisten kann, mehr als ein Minimum an Wasser in seine Samen zu investieren. Ganz undurchdringlich scheint die Akazienkrone doch nicht zu sein. Zwei kleine, gelbbraune Vögel hüpfen zwischen den Zweigen herum, verfallen plötzlich in schrilles Tschirpen und Zwitschern, fliegen davon.

Cheikh sitzt drei Meter neben mir, hat eben sein Teegeschirr abgespült, die kleinen Gläser bruchsicher in Lappen gewickelt und alles verpackt. »*Normalement*«, unterbricht er das Schweigen mit leiser Stimme, »*cet oiseau chant comme ça à cause d'un serpent*«.

Wegen einer Schlange hat der Vogel so gelärmt? Ich richte mich auf, suche wie Cheikh noch einmal zentimeterweise den Boden und den Stamm des Baumes hinter mir ab. Nichts!

Falscher Alarm. Es wäre auch ein Wunder, wenn wir ein scheues Tier wie eine Schlange mit unserem Radau noch nicht vertrieben hätten. Wahrscheinlich hatten die beiden Vögel Ehekrach.

Allmählich schläft einer nach dem anderen ein. Gleichmäßiges Atmen und leichtes Schnarchen sind die einzigen Geräusche, die noch zu hören sind. Sogar Cheikh liegt ausgestreckt auf einer Matte, hat sich den Chech über das Gesicht gezogen. Auch mir fallen die Augen zu, ich gleite langsam ab ins Reich der Träume – leider nicht in das der angenehmen. Offenbar rumoren die sechs nervigen Tage in Djanet noch immer in meinem Unterbewußtsein: Durch knietiefen Staub schiebe ich ein Motorrad neben einem langsam rollenden Tanklastwagen her, versuche einen vom Laster herunterhängenden Schlauch in den Einfüllstutzen des Motorradtanks zu stecken. Doch immer wieder gleitet er mir aus der Hand. Ich ziehe ihn über meine Schulter, halte ihn mit aller Kraft fest. Da wird der Lkw plötzlich schneller, der dünne, glitschige Schlauch reißt ab, kringelt sich wie ein fetter Wurm, eine Schlange, um meinen Hals.

Ein Gefühl, das schlimmer ist als alle Alpträume meines Lebens zusammen, explodiert wie eine Bombe in meinem Unterbewußtsein. Lähmendes Entsetzen, eine noch nie erlebte Angst, bringen mich in die Realität zurück, die plötzliche Erkenntnis, daß die schlängelnde, geschmeidig-glatte Berührung, die mich geweckt hat, die sich über Hals und Schulter zu meiner Brust bewegt, kein Traum und kein Benzinschlauch ist, sondern schockierende Wirklichkeit: eine Schlange!

Ich bin wie zu Stein erstarrt, wage nicht, die Augen zu öffnen, spüre nur atemlos, wie sich das kaum fingerdicke, vielleicht dreißig Zentimeter lange Reptil auf meinem nackten Oberkörper von der Schulter abwärts über Brust und Bauch windet, dann in die Kuhle zwischen linker Armbeuge und Hüfte gleitet, sich dort zusammenkringelt. Mit jeder ihrer Schlängelbewegungen spüre ich die zähe Geschmeidigkeit, die

Zähigkeit und kühle Härte des Tieres, das Kratzen beweglicher kleiner Schuppen auf meiner Haut. So klein die Viper auch sein mag, sie erscheint mir unglaublich schwer. Wie ein kleiner Bleiklumpen liegt sie auf meinem Arm, verharrt einen Moment bewegungslos. Mit einer fließenden Bewegung rollt sie sich wieder auf, gleitet über Unterarm und Hand unter meinen Rücken. Genau in der Wölbung zwischen meinen Lenden und der Matte verfällt sie in hektische Schlängelbewegungen. Will sie unter mir hindurch und schafft es nicht?

Der Angstschweiß schießt mir aus den Poren, läuft in kalten, dicken Tropfen über mein Gesicht. Mit größter Willensanstrengung kämpfe ich gegen die aufsteigende Panik, zwinge mich zu Bewegungslosigkeit. Ich darf das Tier auf keinen Fall erschrecken! Ein Biß in den Rücken, nicht weit vom Herz, ohne die Möglichkeit, den Giftstrom abzubinden, wäre das sichere Ende.

Plötzlich hört jede Bewegung auf. Die Schlange scheint sich unter meinem nackten Rücken zur Ruhe gelegt zu haben. Ich öffne die Augen, versuche mich zu beruhigen, so ruhig und flach wie möglich zu atmen. Auf einer entsicherten Handgranate zu liegen, kann nicht schlimmer sein. Sobald ich mich bewege, gebe ich den Sicherungsbügel frei!

Nicht mehr lange und irgend jemand aus unserer Gruppe wird aufwachen, aufstehen, Geräusche machen, mich vielleicht sogar ansprechen. Ich werde mich nicht bewegen, nicht antworten, hoffen, daß mein Gesichtsausdruck, die Sprache meiner Augen, verstanden wird, bevor es zu spät ist. Meine Gedanken rasen im Kreise. Noch nie war mir der schmale Grat zwischen Leben und Tod so bewußt.

Wie wird es sein? Ein Stich, ein plötzlicher Schmerz, danach Panik, Verzweiflung? Oder Resignation, das Akzeptieren, daß es nun eben vorbei ist? Oder irrationale Hoffnung, Überlebenswillen, Kampf um Sekunden? Bewegungslos bleiben, Kreislauf so ruhig wie möglich halten. Den anderen ruhig, aber bestimmt sagen, was sie tun müssen: Schlange töten, Medikamentenkoffer mit Skalpell, Saugpumpe und kreislaufstabilisierender Injektionsspritze aus dem Auto holen. Dann Warten, Schüttelfrost, Lähmung, Atmungsstillstand, Bewußtlosigkeit, das Ende?

Ich kann es nicht glauben, daß meine Ration an Glück aufgebraucht sein soll. Doch so gefährlich, wie diesmal war noch keine Situation meines Lebens. Streiflichtartig läuft eine frühere Konfrontation mit einer Viper an mir vorüber: Weit abseits aller befahrenen Routen hatten wir in einer alten Blechbaracke einen mumifizierten menschlichen Leichnam entdeckt, merkwürdig verkrümmt, wie unter grausamen Schmerzen gestorben. Sein von den Fetzen zerrissener Pergamenthaut zu einer grausigen Fratze verzerrtes Gesicht, sein weit geöffneter Mund drückten noch immer das Leiden seines Todeskampfes aus, einer Qual, die vielleicht der zweite Bewohner der Hütte verursacht hatte: Nur eine Handbreit neben der Leiche lauerte das Tier im Sand. Das zischende Rasseln aneinanderreibender Seitenschuppen kündigten den bevorstehenden Angriff der riesigen Hornviper an. Der grob geschuppte, armdicke Körper war wie ein Katapult gespannt, der handtellergroße Dreieckskopf leicht aufgerichtet. Schwarze, bewegungslose Augen starrten unter zwei hornartigen Dornschuppen hervor. Blitzschnell stieß die Viper zu, traf den Schienbeinprotektor meines Motorradstiefels. Zehn Zentimeter höher, und der Tote in der Hütte hätte vielleicht Gesellschaft bekommen.

Der »Schwarze Stein« geht mir plötzlich durch den Kopf – vielleicht ist er die Rettung. Auf unserer letzten Reise hatte Cheikh ihn mir gezeigt, erzählt, wie sein Bruder durch die Magie des Steines einen Vipernbiß überlebte. Cheikh hatte die Bißwunde mit dem Messer vergrößert, den handtellergroßen Stein aus vulkantuffartigem Material darauf gepreßt, bis er wie ein Saugnapf an der Verletzung hängenblieb. Nach einigen Minuten erst war er abgefallen, hatte sich wie ein Schwamm vollgesaugt, dem Körper einen Teil des Giftes entzogen.

Sicher hat auch der feste Glaube an die Wunderkraft des Steines mitgeholfen. Ob das auch bei mir funktioniert? Ei-

61

gentlich bin ich afrikanischer Medizin gegenüber aufgeschlossen, habe schon mit eigenen Augen schwarze Wunderheiler Dinge tun sehen, die nach unserer Schulmedizin nicht möglich sind. Doch jetzt, mit einer Viper unter dem Rücken, spüre ich nur zu gut die wackligen Beine meines Vertrauens in den »Schwarzen Stein«, bin ich nicht mehr als ein ganz normaler Europäer, den sein auf Rationalität getrimmter Verstand nur noch eines denken läßt: Warum, zum Teufel, haben wir kein Antiserum dabei?

Ich weiß nicht, wieviel Zeit vergangen ist, seit die Schlange es sich unter mir bequem gemacht hat. Es kommt mir wie eine Ewigkeit vor, dabei sind es wohl nur Sekunden – die längsten meines Lebens. Ganz plötzlich bemerke ich sie, eine unendlich langsame, geräuschlose Bewegung am äußersten rechten Rand meines Gesichtsfeldes. Ich drehe meine Augäpfel so weit nach rechts, daß es schon weh tut, weiß mit einem Mal, daß ich mit meiner Angst nicht alleine bin: Cheikh kniet kaum einen Meter rechts neben meinem Kopf, sieht mir in die Augen, hat den Zeigefinger einer Hand zum Zeichen des Schweigens auf seine Lippen gelegt. In der anderen Hand hält er wie eine Axt unseren Klappspaten. Unbeschreibliche Erleichterung erfüllt mich und Hoffnung, noch einmal mit dem Leben davonzukommen. Cheikh hat offenbar beobachtet, was passiert ist!

Ganz langsam führt der Targui die Hand von seinem Mund vor meine Augen, ballt sie zur Faust. Im Rhythmus des Eins-Zwei-Drei-Zählens schnellen erst Daumen, dann Zeige-, dann der Mittelfinger nach oben. Bei »vier« öffnet er seine Hand vollends, macht gleichzeitig eine kurze, schnelle Bewegung nach oben. Die Botschaft ist klar: Ich soll bis drei zählen, mich dann ruckartig aufrichten, auf die Seite rollen.

Es kommt auf zwei Dinge an: schnell zu sein und Cheikh genügend Platz zu geben, damit er den Spaten unter meinen Körper stoßen kann. Vielleicht sollte ich versuchen, eine »Brücke« zu machen? Nur liege ich dafür denkbar ungünstig, die Beine ausgestreckt, den rechten Arm unter dem Kopf, den

Das ist gerade noch mal gutgegangen!

linken seitlich neben meinem Körper – unmittelbar vor der Viper! Ich werde versuchen, mich Zentimeter für Zentimeter in eine bessere Position zu bringen.

Vorsichtig spanne ich die Muskeln von Bauch und Oberschenkel an, will die Knie langsam nach oben drücken. Da ist es schon passiert, ein Zucken geht durch meine Lendenmuskeln. Im selben Moment spüre ich die Bewegung unter mir, eine plötzliche Windung des Schlangenkörpers. Aus? Kommt der Biß? Was folgt, spielt sich in Bruchteilen von Sekunden ab. Mit der immensen Kraft und Willensanstrengung, die nur Todesangst verleihen kann, katapultiere ich meinen ganzen Körper mit den Schultern und Füßen ruckartig in eine »Brükke«. Ein gewaltiger Stoß von Cheikh kippt mich zur Seite, der Luftzug des Spatenschlags, lautes Klatschen, noch einmal und noch einmal. Dann völlige Ruhe!

»*Ça va. C'est fini*«, höre ich Cheikhs Stimme, richte mich auf, spüre den Schmerz einer heftigen Muskelverspannung vom Nacken bis zur Lendenwirbelsäule.

»*Merci, Cheikh.*« Mehr bringe ich nicht heraus.

Cheikh hebt die Viper mit der Schaufel von der Matte. Noch immer zuckt der tote, kaum dreißig Zentimeter lange Körper in seinen letzten Muskelreflexen.

Keiner von den anderen hat mitbekommen, was eigentlich passiert ist. Ich erzähle nicht mehr, als daß die Viper sich wohl unter einer Wurzel der Akazie verborgen hatte und Cheikh ihr vorsichtshalber den Garaus gemacht hätte. Innerlich mache ich mir Vorwürfe, nehme mir fest vor, künftig noch vorsichtiger zu sein. Genausogut hätte die Schlange jemand anderen heimsuchen können, jemanden, der seine Panikreaktion vielleicht mit dem Leben bezahlt hätte. Ein schrecklicher Gedanke, mit einem Toten von einer Reise zurückkehren zu müssen.

Ich lasse mir solche Gedanken, meine noch immer flatternden Nerven nicht anmerken. Es sei denn an der Beruhigungs-»Hoggar«, meiner ersten Zigarette seit dem Verlassen der Fähre in Tunis.

Jagdfieber

Das Oued Tin-Tarabine füllt fast unser gesamtes Gesichtsfeld aus. Mohammed läßt den Toyota mit kaum mehr als Schrittgeschwindigkeit auf die weit vor uns in den Himmel ragenden Felsnadeln von Youf-Aghlal zurollen. Angestrengt späht jeder von uns vieren in die Ferne, beobachtet mit Adleraugen die Vegetationszonen des breiten Trockenflusses. Diesmal entdecke ich das Tier als erster: vielleicht mehr als einen Kilometer von uns entfernt ein sich bewegendes Pünktchen inmitten einer dünnen sich von Horizont zu Horizont erstreckenden Kette aus Bäumen und Büschen.

»*Là bas, à droite* – da hinten, rechts!« rufe ich.

Der Targui hat die Gazelle im selben Moment gesehen, reißt schon das Steuer herum und tritt das Gaspedal durch. Die Jagd beginnt!

In weiten, hohen Sprüngen rennt das rehgroße Tier aus der Niederung des Oueds auf die bizarr zerklüfteten Berge vor uns zu, scheint zu wissen, daß seine einzige Chance darin besteht, unbefahrbares Gelände zu erreichen. Mit gut achtzig Stundenkilometern jagt Mohammed den schweren Toyota über die holprige Sandfläche, schneidet dem Tier in einem weiten Bogen den Weg in die rettenden Geröllhänge ab. Doch die Gazelle, ein großes Exemplar mit langem Gehörn, schlägt immer wieder Haken, die uns zu abrupten Richtungswechseln zwingen. Mehr als einmal scheint der Wagen nur noch auf zwei Rädern zu fahren. Je näher wir den Bergen kommen, desto häufiger zwingen Bodenwellen und Abflußrinnen, scharfkantige Felsplatten und Steinbrocken zu harten Brems- oder Ausweichmanövern. Dennoch scheinen die Minuten im Leben des Tiers gezählt, denn die Erschöpfung läßt es langsamer werden. Unaufhaltsam kommen wir ihm näher.

Als kaum mehr zwanzig Meter die Gazelle von dem röhrenden Auto trennen, ruft Mohammed: »*Tenez la volant* – halte das Lenkrad!« und zieht seine alte Flinte unter dem Sitz hervor. Chris beugt sich vom Beifahrersitz hinüber, versucht, die schlagende Lenkung ruhig, den Wagen in Geradeausfahrt zu halten. Mohammed schiebt den Lauf des Gewehrs aus dem Fenster und legt an.

Nie hätte ich mir träumen lassen, einmal an einer solch brutalen Treibjagd teilzunehmen, auch noch Jagdfieber zu empfinden, während ein Tier um sein Leben rennt, das wie kaum ein anderes Mitgefühl und Streichelwünsche aktiviert, das so schön und elegant anzusehen ist. Doch Tierliebe muß ein Gefühl sein, das aus dem Bauch kommt – aus einem gefüllten wohlgemerkt.

Unsere Bäuche sind alles andere als voll, unsere Nahrungsmittelvorräte seit vier Tagen aufgebraucht! Seitdem leben wir von täglich einer Handvoll ebenso vertrockneter wie madiger Futterdatteln und einem kleinen Stück steinharten Fladenbrots.

Wir haben inzwischen mehr Hunger, als jeder von uns – Mohammed vielleicht ausgenommen – je zuvor empfunden hat, ein nagendes, immer stärker werdendes Gefühl, das manche menschliche Regung dem Selbsterhaltungstrieb unterliegen läßt. Wie es dazu kam? Das ist eine längere Geschichte.

Oktober 1987. Mujiba, Christophe und ich starten zusammen mit dem Tuareg-Führer Mohammed aus Tamanrasset zu einer Fahrt in einen der faszinierendsten Landstriche der Sahara, ins Tassili du Hoggar. Wir wollen die Route für die erste Durchquerung des algerisch-nigerischen Grenzgebiets auf Motorrädern erkunden. Im Gegensatz zum Tassili N'Ajjer im Südosten Algeriens ist die riesige, zwischen Hoggar- und Air-Gebirge gelegene Wüstenregion vom Saharatourismus noch weitgehend unberührt. Abgesehen von Nomaden wagen sich nur einheimische Führer in das ebenso verwirrende wie gigantische Erosionslabyrinth, meist mit kleinen Reisegruppen, die von Europa nach Tamanrasset jetten, um ein oder zwei Wochen lang wie einen Film zu betrachten, was sie erst viel später begreifen werden. Wüstenfahrer auf eigene Faust trifft

Natürliche Skulpturen im Tassili du Hoggar

man hier unten so gut wie nie. Einmal deswegen, weil diese grenznahe Region für Individualtouristen strengstens verboten, aber auch, weil sie noch relativ unbekannt ist. Lediglich die sogenannte Hoggar-Südumfahrung, eine in guten Reiseführern beschriebene Alternativroute zur Hauptpiste von Djanet nach Tam, wird hin und wieder von einzelnen Wüstenfreaks benutzt.

Südlich des Oued Tadant und des Oued Takalous bieten weder Erfahrung noch perfekte Ausrüstung die Gewähr, sich nicht zu verirren. In diesem gut fünfzigtausend Quadratkilometer großen, sandverwehten Labyrinth aus tief eingeschnittenen Plateau-Fjorden, zerklüfteten Gebirgsruinen und gigantischen Irrgärten aus Pilz- und Nadelfelsen bedarf es des Instinkts, des fotografischen Gedächtnisses, das nur ein Mensch besitzt, der sein ganzes Leben in der Wüste verbracht hat, der auch bei schlechter Sicht oder einem der häufigen Sandstürme die Orientierung nicht verliert. Unser Fahrer und gleichzeitiger Führer kennt dieses Gebiet schon seit seiner Kindheit, als der große Clan seiner Familie in den unendlichen Weiten von Hoggar, Aïr und Ténéré noch als Nomaden lebte. Viele Male ist er mit den großen Karawanen jener Zeit bis nach Libyen, Tschad oder Mali gereist. »Das Land dort draußen« (arabisch »Ténéré«) ist ihm so vertraut wie seine Burnustasche.

Fast zwei Wochen verbringen wir auf der ersten, gut tausend Kilometer langen Etappe unserer Fahrt zwischen Tamanrasset und Djanet, verschaffen uns in aller Ruhe einen Überblick über die Vielzahl landschaftlicher Höhepunkte an der Südabdachung des Hoggar-Gebirges.

In der Schlucht von El-Ghessour baden wir in kristallklaren »Gueltas«, den wassergefüllten Felsbecken, folgen einem Wildbach in eine viele hundert Meter tiefe Klamm.

Zwischen den gespenstischen Erosionsskulpturen im Felskessel von Tin-Akashaker – steinernen Sauriern, Riesenschildkröten und Fabelwesen – fühlen wir uns wie auf einem anderen Planeten.

Im dünenverwehten Felslabyrinth von Tagrera wird die Science-fiction-Illusion perfekt: Abertausende von steinernen Pilzen, Nadeln und Türmen, von der Größe eines Menschen bis zu Fernsehturmausmaßen, manche so filigran geformt, als könnten sie jeden Moment abbrechen, andere dick und gewaltig wie springende Pottwale.

Südlich davon treffen wir auf eine weitere Galerie des mit Sicherheit besten Bildhauers der Welt, des Künstlers »Erosion«. In der Schlucht von Tadjelemand-Sameidat besitzen turmhohe Felsnadeln auch noch das Nadelöhr an ihrem Ende, scheinen die Felswände aus gegerbtem Leder zu bestehen. In einer halbkugelförmigen, von dünnen Felsfäden durchwachsenen Höhle zeugen Steinwerkzeugreste und Felsgravuren mit Nashörnern, Giraffen, Büffeln und Straußen von einem neolithischen, fünf- bis zehntausend Jahre alten Kult- und Opferplatz.

Schlucht in El-Ghessour

Pilzwald von Tagrera

Tahaggart, die nächste Insel im Meer dieser bizarren Wüste, verblüfft uns schon aus zwanzig Kilometer Entfernung mit ihrer Manhattan-Skyline, wird aus der Nähe zu einer geradezu unheimlichen Ruinenstadt, einer Gebirgskette im Endstadium der Verwitterung. Die extremen Temperaturschwankungen des Saharaklimas haben die Berge zersprengt, Wind und Sand die einzelnen Teile zu ebenso gewaltigen wie zerbrechlichen Türmen, Zinnen und Torbogen geformt.

Youf-Ehakit und Youf-Aghlal heißen die nächsten Stationen unserer Zickzackfahrt durch die Fantasy-Landschaft des Tassili du Hoggar. Wieder eine neue Variante natürlicher Zerstörung, unendlichen Einfallsreichtums der Natur. »Besser als ein Schwimmbecken« und »Besser als ein Zelt« lassen

Der Kamelfelsen von Youf-Aghlal

sich die beiden Namen der Tuaregsprache Tamaschek übersetzen, werden verständlich beim Anblick natürlicher Swimming-Pools in einem Wald dicht an dicht stehender Felsnadeln und von steinzeitlichen Gravuren übersäten Höhlen. Das Sandstrahlgebläse des Wüstenwinds hat das weiche Gestein zu organischen Formen modelliert, zu Felsen wie riesige Brotteigklumpen, zu einem viele hundert Meter hohen Kamel, zu Torbögen, Schlössern und Wolkenkratzern. Wir werden immer sprachloser angesichts dieser Naturschönheiten. So ähnlich müssen sich vor Jahrhunderten die ersten Europäer in Amerika gefühlt haben, die Entdecker des Grand Canyon, des Bryce Canyon oder des Monument Valley. Vielleicht werden auch die Naturwunder des Tassili du Hoggar irgendwann ähnlich banale französische Namen tragen, die alten Tamaschek-Bezeichnungen so vergessen sein wie in den USA die Indianernamen.

Am Fuß des »Schlosses von Tin-Eggoleh«, dem afrikanischen Gegenstück zum amerikanischen Monument Valley, verbringen wir unsere letzte Nacht im Tassili du Hoggar. Es ist vielleicht der malerischste Ort, den ich in der Sahara bisher gesehen habe. Übrigens auch der Lieblingsplatz unseres Fahrers Mohammed, wie er verrät.

Von nun an wird die Orientierung einfacher. Unsere Route folgt dem Verlauf breiter Trockenflüsse, manchmal auch engen, von den Wassermassen der Nacheiszeit klammartig durch die Gebirge geschnittenen Schluchten. Berge ganz anderer Art – das Endprodukt aller Erosionsprozesse der Sahara – erwarten uns kurz vor Djanet mit den Dünen des dreihundert Kilometer langen Erg Admer. Auf der vollkommen spurenlosen, da nur sehr selten benutzten Dünenpassage von Boussamacha schweben wir über sanft gerundete, goldgelbe Sandberge dem Tassili N'Ajjer entgegen, erreichen einen Tag später Djanet.

Ein besonders ergiebiger Nachschubplatz ist die Oase noch nie gewesen, doch augenblicklich ist die Versorgungslage geradezu katastrophal. Seit Wochen ist kein Versorgungs-Lkw mehr gekommen. Die Oasengärten haben nach dem sehr heißen Sommer dieses Jahres zu wenig abgeworfen, um es auf dem Markt zu verkaufen. So gibt es praktisch nichts. Die Regale der drei Krämerläden Djanets sind leer. Der Markt ist nahezu ausgestorben. Einzig Datteln – Futterdatteln der untersten Qualitätsstufe – werden noch angeboten. Daß ich zwei Kilo davon kaufte, sollte sich später als Glück erweisen.

Wir müssen uns entscheiden, ob wir unsere Pilot-Tour in Djanet abbrechen und auf der normalen Hauptpiste nach Tam zurückfahren oder ob wir unsere Reise wie geplant in den äußersten Süden Algeriens fortsetzen wollen. Dann dürfen wir allerdings nicht mehr als fünf Tage für die elfhundert Kilometer lange Schleife über das algerisch-nigerische Grenzgebiet benötigen, denn länger reicht das, was wir noch an Reiseproviant übrig haben, keinesfalls.

Mohammed beruhigt uns, meint, fünf Tage seien ausreichend. Den schönsten und zeitintensivsten Teil, das Tassili du Hoggar, hätten wir ja schon auf der Herfahrt kennengelernt, zudem seien weite Teile der Strecke flott zu befahren. So brechen wir von Djanet in Richtung Süden auf, ahnen noch nicht, daß wir sage und schreibe zwölf Tage bis Tamanrasset brauchen werden.

Wie hätten wir auch vorhersehen sollen, daß unser Auto ausgerechnet im menschenverlassenen Niemandsland des südlichen Erg Kilian in Streik treten, zwei Tage für Fehlersuche und Reparatur draufgehen würden. Daß hundert Kilometer weiter aus der Freude über eine menschliche Ansiedlung die bittere Realität einer Verhaftung werden würde. Daß wir am wahrscheinlich ödesten Fleck der Sahara über dem einzigen Goldbergwerk Algeriens unter der Obhut schlecht gelaunter, aber gut bewaffneter Armeeangehöriger vier Tage in der Sonne braten müßten.

Als in der Mittagshitze des fünften Tages wieder einmal der Militärjeep von der Kaserne zu unserem Freiluftgefängnis herüberdüst, rechnen wir mit allem, nur nicht mit dem, was dann passiert: Die übergeordnete Garnison In-Azaoua hat per

Funkspruch unsere Freilassung angeordnet. Man übergibt uns die konfiszierten Reisepässe, fordert uns in barschem Ton zu sofortiger Weiterfahrt auf. Dem leisten wir verständlicherweise umgehend Folge, denken erst einmal nicht daran, daß das Trinkwasser inzwischen knapp, das Essen so gut wie aufgebraucht ist.

Mit Mühe erreichen wir bis Sonnenuntergang den Brunnen von Issalane, gut hundert Kilometer Querfeldeinfahrt vom unseligen Goldbergwerk, vom Mont du Metal, entfernt. Wir sind heilfroh, den richtigen Weg durch das Labyrinth der vielen Bergketten gefunden zu haben. Ohne unsere genauen Karten wäre das wohl eine harte Nuß gewesen, denn auch für Mohammed ist die Verbindung zwischen der Kaserne und dem Brunnen von Issalane neu. Der malerisch in einem engen Wadi voll blühender Oleandersträucher und saftiggrüner Kalotropisbäume liegende »Brunnen der Neuigkeiten« erscheint uns daher, nach dem Nervenkrieg der letzten sechs Tage, wie das Paradies.

Auch unsere Hoffnung, an der wichtigen Wasserstelle Nomaden zu treffen, wird nicht enttäuscht. Eine kleine Karawane aus einem Dutzend Kamelen und acht Männern lagert unweit des Brunnens.

Für die Tuareg-Nomaden aus dem Aïr-Gebirge ist es der erste Brunnen seit acht Tagen, fast genausoviel Zeit wird noch vergehen, bis sie Djanet erreichen. So ist das gemauerte Becken auch fast leer, von den durstigen Kamelen ausgesoffen. Für unsere drei Kanister reicht das Wasser gerade noch, ist jedoch so trübe, daß wir es erst mühsam durch mehrere Lagen Tuch filtern müssen.

Mohammed fragt die Nomaden nach Nahrungsmitteln, doch sie haben selbst kaum genug bis Djanet, bitten uns im Gegenzug um Tee. Damit sind wir als einziges noch üppig eingedeckt. Wir geben ihnen einen Beutel, bekommen dafür einen kleinen Sack Maismehl. So gibt's zum Abendessen immerhin Fladenbrot als Beilage. Das Hauptgericht besteht aus den letzten eßbaren Mitbringseln von daheim, zwei Tüten

»Suppe nach Gutsherrenart«. Im Verhältnis zur Menge wandeln wir diese Bezeichnung ab in »Suppe nach Schrebergärtnerart«.

Daß wir von einer echten Notlage noch weit entfernt sind, wird uns am nächsten Morgen klar. Denn was wir dort, wo sich das Oued Issalane zur Ebene des Oued Tajetteret öffnet, zu sehen bekommen, macht uns wirkliche Not auf drastische Weise deutlich. Mohammed zeigt uns ein wenig abseits der Fahrspur eine makabere Szenerie, den Schauplatz einer entsetzlichen Tragödie. Dutzende von mumifizierten, zerrissenen Kamelkadavern, Reste von Säcken und Decken und mehrere große Steinhaufen – Saharagräber.

Erst vor zwei Jahren, erzählt er, sei hier im Sommer eine große Karawane auf dem Weg von Mali nach Tschad umgekommen, kaum eine Gehstunde vom Brunnen entfernt verdurstet. Vor dem Ende hätten die Menschen noch ihre Kamele getötet und aufgeschlitzt. Ob zum Schutz vor der sengenden Hitze oder in der geistigen Verwirrung ihrer letzten Stunden, weiß niemand. Die großen Steinhaufen sind Massengräber, denn als man die Leichen einige Wochen später fand, waren sie von Schakalen und anderen Tieren in Stücke gerissen und aufgefressen worden.

Wenige Kilometer nach der Unglücksstelle schreckt das Geräusch unseres Wagens wieder einmal ein kleines Rudel Gazellen auf. Wie auf Sprungfedern überqueren die graziösen Tiere in weiten Sätzen dicht von uns das Oued, bleiben erst in der Sicherheit eines gut hundert Meter entfernten Geröllhangs stehen.

Chris spricht aus, was wir alle denken; drei Tage sind es mindestens noch bis Tamanrasset – wenn alles gutgeht, wohlgemerkt. Die einzige Alternative zu einer entsprechend langen Nulldiät hat vier Beine, läuft einem täglich mehrmals über den Weg und soll äußerst schmackhaft sein. Daß die Tuareg Gazellen bevorzugt mit dem Auto jagen, ist kein Geheimnis. Eine vermutlich grausame Sache: Das Tier wird so lange gehetzt, bis es erschöpft zusammenbricht.

Nomaden am Brunnen von Issalane

Ich frage Mohammed, ob er das schon mal gemacht hat. Natürlich, welcher Tuareg-Fahrer auch nicht! Allerdings, fügt er hinzu, seien zwei Autos erforderlich, um eine Gazelle in die Enge zu treiben, ihr immer wieder den Weg abzuschneiden, bevor sie in unbefahrbares Gelände flüchten kann. Mit einem einzigen Auto, sagt er mit einem kleinen Lächeln, gehe er nur auf Jagd, wenn er sein Gewehr dabeihabe.

»Wenn du gewußt hättest, daß unsere Reise so verläuft, hättest du es bestimmt mitgenommen«, sage ich. »Dann wären unsere Essensprobleme gelöst«.

»Mein Gewehr ist unter dem Sitz«, erwidert er zu unserer großen Überraschung. »Wenn ihr nichts dagegen habt, können wir es versuchen.«

»Warum sagst du das denn erst jetzt?« frage ich.

»Man muß vorsichtig sein. Es gibt fünf Jahre dafür.« Schon einmal habe er wegen eines geschossenen Mufflons große Probleme bekommen, als ihn ein Reiseteilnehmer angezeigt hatte. Nur durch einen hohen Geldbetrag sei ihm ein Prozeß und dessen Folgen erspart geblieben.

Das weitere Gespräch macht klar, daß Mohammed die Wilderei nicht einmal als Kavaliersdelikt betrachtet. Für ihn ist die Jagd das natürliche Recht des Wüstenbewohners. Eine Regierung, in der die Tuareg nicht vertreten sind, die Tausende von Kilometern entfernt in einer großen Stadt am Meer sitzt und vom Leben in der Wüste keine Ahnung hat, kann da wohl Gesetze erlassen, so viele sie will.

Im Lauf des Tages sehen wir noch dreimal Gazellen, jedoch immer außer Reichweite von Mohammeds alter Büchse. Eine Verfolgung mit dem Auto ist wegen des unebenen Geländes im »Oued Tajetteret« nicht möglich, würde den alten Toyota endgültig ruinieren. Am späten Nachmittag erreichen wir das Bergmassiv der »Ruinenstadt von Tahaggart«, diesmal von Osten her. Der größere der beiden Kreise unserer zweitausendzweihundert Kilometer langen »liegenden Acht« ist geschlossen. Noch zwei Tage bis Tamanrasset – Inshallah –, hoffentlich nicht noch zwei Tage Zwangsfasten!

Nach Einbruch der Dunkelheit will Mohammed einen Jagdversuch starten. Wir sind erstaunt, halten die Aussichten, Jagdbeute zu machen, für relativ klein, die Chance, das Auto kaputtzufahren hingegen für recht groß. Doch er erklärt, daß die Jagd in solch unebenem Gelände wie hier bei Nacht erfolgversprechend sei, eine vom Scheinwerfer geblendete Gazelle wie gelähmt stehenbleibe und ein gutes Ziel abgebe.

So kurven wir Stunde um Stunde durch kleine Oueds, legen viele Kilometer in der Umgebung des Tahaggart-Massivs zurück. Alles, was wir zu sehen bekommen, sind Wüstenspringmäuse, die im Scheinwerferlicht über den Boden huschen, zu Hunderten hier leben müssen. Wenigstens lenkt uns die Fahrerei ab, macht so müde, daß der Schlaf trotz eines allmählich schmerzhaften Hungergefühls gesichert erscheint. Wie Mohammed in der mondlosen Finsternis unseren Lagerplatz mit schlafwandlerischer Sicherheit wiederfindet, bleibt uns ein Rätsel.

Bevor wir in den Schlafsack kriechen, diskutieren wir noch einmal unsere Situation, beschließen, ab morgen unsere Route zu ändern und über das Oued Youf-Aghlal zum Oued Tadant, zur Piste der Hoggar-Südumfahrung, zu fahren. Dort dürfte die Chance, auf Menschen und Nahrung zu stoßen, noch am größten sein. Mohammed ist einverstanden, zugleich zuversichtlich, auf dieser Route zum Schuß zu kommen. Er kann ja auch nicht ahnen, daß Chris ihm morgen mittag einen ungewollten, aber dicken Strich durch die Rechnung machen wird.

Der rasende Wagen kommt der Gazelle immer näher. Mohammed dreht seinen Oberkörper, folgt dem Tier mit dem Lauf seines Gewehrs, so gut es bei der holprigen Fahrt eben geht. Dann ist sie links neben uns, dreht kurz den Kopf zu uns herauf. Der Blick ihrer angstgeweiteten Augen trifft mich bis ins Innerste. Jeden Moment wird Mohammed schießen. Mein größter und einziger Wunsch ist, daß er nicht trifft. Da fällt die Gazelle plötzlich zurück, taucht hinter dem Wagen nach rechts ab. Warum auch immer, jedenfalls reißt Chris vehement das Lenkrad herum, der Wagen bricht ruckartig aus, steht plötzlich quer zur Fahrtrichtung. Ich fliege nach links gegen die Tür, Mujiba im selben Moment gegen mich. Die Richtung der Schwerkraft scheint sich plötzlich zu verändern, durch das rechte Fenster ist nur noch Himmel zu sehen. Das Auto kippt!

Dann ist er da, der Moment von Ruhe und Bewegungslosigkeit, das labile Gleichgewicht eines nur noch auf zwei Rädern stehenden Autos. Doch wir haben Glück: Langsam kippt der Wagen zurück, landet mit lautem Krachen wieder auf den Rädern. Das war knapp!

»Was hast du gemacht?« schreit Mohammed. Der sonst so beherrschte Targui ist außer sich, faßt sich allerdings schnell wieder. »Das war sehr gefährlich«, sagt er atemlos, aber in nun wieder ruhigem Ton zu Chris.

Wir steigen aus, um den Schaden zu besehen, doch die Federung des Autos hat die Aktion unerwarteterweise heil überstanden. Chris ist deprimiert, er wollte eigentlich nur einen Bogen fahren. Vom Beifahrersitz lenkt sich's halt anders als hinter dem Steuerrad. Mujiba spricht aus, was ich denke: Auch wenn diese Aktion ins Auge hätte gehen können, wir sind Chris von Herzen dankbar, daß er auf diese Art das Leben der Gazelle gerettet hat.

Die ist inzwischen nicht mehr zu sehen. Dafür tauchen vor der Silhouette der Felsnadeln von Youf-Aghlal zwei vernehmlich brummende Staubwolken auf. Mohammed blinkt mit der Lichthupe. Sie haben uns gesehen, fahren in unsere Richtung.

»Ich glaube«, sagt er lachend, »heute abend gibt es ein gutes Essen. Da kommt mein Bruder Ahmed. Und der verreist nie ohne Koch.«

Christophe im ...

... Dünenrausch

Der große Regen

Im März 1988 kommt es in Algerien zu den stärksten Regenfällen seit sechzig Jahren. Wolkenbruchartige Niederschläge ergießen sich über ein Gebiet von mehr als einer Million Quadratkilometer. Neben vielen anderen Wüstenfahrern werden auch wir, eine kleine Gruppe von Motorradfahrern aus Deutschland, Österreich und der Schweiz sowie zwei Tuareg, von dem ungewöhnlichen Wettersturz überrascht.

Die Holperfahrt über die enge und steinige Feldwegpiste durch den wildromantischen Oberlauf des Oued Abadhega el Akhal liegt hinter uns. An einer nach links abfallenden, von tiefen Ausbrüchen zerfurchten Rechtskurve bremse ich die BMW ab und warte auf die anderen. Es dauert ein Weilchen, bis zumindest die Motorradfahrer da sind, denn wir müssen große Abstände halten: Die Staubfahnen der Fahrzeuge ziehen in dem engen Tal direkt nach hinten ab, bleiben unangenehm lang in der windstillen Luft stehen.

Mujiba, Fahrerin des ersten Begleitautos, und Boris, Ersatzfahrer und Kameramann, kommen in ihrem »Wüstenfloh«, dem flinken und wendigen Suzuki-Jeep, nur kurz nach dem letzten Motorrad an. Die beiden Tuareg Cheikh und Moussa im schwerbeladenen Lastwagen brauchen auf der holprigen Strecke erheblich länger, fahren zudem besonders vorsichtig, denn seit gestern ist die Reparatur von Reifenpannen mit Felsbrockenschlepperei verbunden: Nach einem Plattfuß ging nämlich erst der altersschwache Hydraulik-Wagenheber des Toyota ölspritzend in die Knie, danach machte der des Suzuki unter den drei Tonnen eine Grätsche. Eine ausgebrannte »Paris – Dakar«-Honda mußte zum Aufbocken herhalten, doch derart stabile »Wagenheber« liegen nun mal nicht überall herum.

Dort, wo wir die Beine über senkrecht abfallende Felswände baumeln lassen, liegt fünfzig Meter unter uns ein weiteres, erheblich größeres Fahrzeug, vom Aufprall auf hausgroße

Mit vereinten Kräften!

Felsbrocken am Grund der Abadhega-Schlucht zerschmettert. Dem weißroten Renn-Lkw ist die tückische Kurve ganz offensichtlich erst bei der letzten Rallye Paris – Dakar zum Verhängnis geworden. Er ist weder ausgeschlachtet noch, wie bei Rallyewracks allgemein üblich, »abgefackelt«. Vielleicht ist die Bergung des noch immer einen hohen Wert darstellenden Allrad-Monsters geplant, ohne Hubschrauber allerdings kaum vorstellbar.

Renato klettert hinunter, um das auf der Seite liegende Sechsradungetüm zu erforschen. Mit einem Klimmzug verschwindet er im eingedrückten Fahrerhaus.

»Da stehen zwar die Blutgruppen der Fahrer drauf, doch Blut ist nirgendwo zu sehen«, hallt es herauf. Die Schutzengel der Lkw-Fahrer scheinen gute Arbeit geleistet zu haben.

Kurz nachdem sich das Oued Abadhega zur schroffen, tief eingeschnittenen Felsschlucht verengt und nach Nordwesten abknickt, überwindet die Piste den höchsten Punkt der Bergkette Gour Abadhega, führt in steilen Kurven hinunter in eine weite Ebene. Vor einem letzten Sattel wird die schmale Fahrspur zur welligen Sprungschanzenpiste, zieht sich an den Schuttkegeln vorgelagerter Zeugenberge vorbei, den Fundamenten ehemals hoher Berge. Einige sind zu nur wenige Meter hohen Sockeln verwittert. Ihre Reste bedecken in weitem Umkreis den Boden als graugrüne Schieferscherben. Es klirrt unter den Rädern wie zerbrechendes Glas.

Überraschend bietet sich uns ein Weitblick von atemberaubender Schönheit: Sanft geschwungene Dünenketten am Horizont einer weiten Ebene erstrahlen dunkelrot im Licht der Abendsonne vor einem tiefblauen, von Millionen kleiner Schäfchenwolken gesprenkelten Himmel.

Die schlanken Wanderdünen des Erg Khanguet el Hadid bilden die Nordspitze eines siebzig Kilometer langen Sandgebirges, das ganz im Süden, in den Riesendünen des Erg Bou Zerafa, über dreihundert Meter Höhe erreicht. Wir verlassen die Kette der als Nachtfahrtmarkierungen für die Rallye Paris – Dakar errichteten Steinmännchen, fliegen weit neben der extrem ausgefahrenen Piste auf die rote Wand der Dünen zu.

Je näher wir dem Khanguet kommen, desto deutlicher wird eine Besonderheit: Der Sand ist nicht überall rot, an manchen Stellen ist er auch tiefschwarz. Am Rand des Ergs hat der Wüstenwind aus diesen beiden Farbtönen alle nur denkbaren Schattierungen und Muster in den Sand gemalt. In den gewundenen »Schneckengängen« der Täler sind die Kontraste schärfer, die Dünen rot, die freigewehten Flächen von einer dünnen Schicht schwarzen Basaltsandes bedeckt.

Ein riesiger, wie mit dem Zirkel gezogener Dünentrichter beendet unsere Fahrt. Hier ist das Rot der sandigen Steilwände wie mit dem Messer vom Schwarz des Kesselbodens abgetrennt. Aus gut dreißig Meter Höhe über unserem Lagerplatz können wir dieses »Designer-Stück« der Natur erst jetzt richtig überblicken: eine weite Ebene aus schwarzem Sand, von den geschwungenen Fingern und Zungen tiefroter Dünen in Fjorde und Inseln zerteilt, darüber das samtweiche Dunkelblau der Himmelskuppel, im Westen noch hell, vom feurigen Nachglühen der Tupfenwolken beleuchtet, im Osten schon sternfunkelnd schwarzblau. Einen surrealistischen Touch erhält die phantastische Szenerie durch die Spielzeugmotorräder zu unseren Füßen, scheinbar willkürlich über den riesigen Dünenkessel verstreut, am Ende haarfeiner, aus dem Horizont kommender Spurenmuster.

Es ist windstill und angenehm warm, einer jener Abende, in denen man sich mit Gott und der Welt im Einklang fühlt, nur noch flach auf dem Boden liegen und die Rundung der Erdkugel spüren möchte. Oder wie Hannes, Renato und Boris einfach immer wieder kopfüber in den Sand springen, Düne rauf, Düne runter laufen möchte, bis dieses überschwenglich euphorische »Das-ist-es!-Gefühl« ausgelebt ist.

Auch als das Lagerfeuer Stunden später fast heruntergebrannt ist, verwöhnt uns diese Nacht noch immer mit Windstille, lauen Temperaturen und einem Sternhimmel, wie man ihn heller und klarer wohl nur im Weltraum zu Gesicht bekommt. Unsere Schlafplätze liegen weit verstreut, der von Hannes sogar erst im nächsten Tal. Uwe hat sich eine Schlafkuhle in den Dünengrat gegraben, genießt das Ganze von erhöhter Position. Die Zelte bleiben verpackt auf der Ladefläche des Toyotas. Wie hätten wir auch ahnen sollen, daß uns die Sahara um drei Uhr früh mit einer ihrer übelsten meteorologischen Launen wecken würde?

Genau um diese unmenschliche Tageszeit wachen wir alle durch das gleiche Geräusche auf: ein pfeifendes Heulen, das mit großer Geschwindigkeit näherkommt, in Sekunden zu furchterregender Lautstärke anschwillt. So plötzlich, wie man einen Fön einschaltet, nur mit millionenfach größerer Wucht, schlägt der Sturm in unseren Dünenkessel ein, wirbelt von einer Sekunde zur anderen Sandwolken auf, die uns nur noch husten und spucken, wie aufgescheuchte Hühner hinter den herumwirbelnden Kleidungsstücken, Isoliermatten, klappernd davonfliegenden Kochutensilien herlaufen lassen. Scheinwerfer und Taschenlampen zeichnen scharf begrenzte Lichtkegel in die nebelartigen Sandschwaden. Die weiter entfernt gelegenen Schläfer kommen über die Dünen gestapft, kämpfen mit ihren vom Wind aufgeblähten Schlafsäcken, flatternden Matten und Kleidungsstücken. Wir werfen die Zelte vom Toyota, versuchen sie in den peitschenden Böen aufzurichten. Mujiba und ich kämpfen verzweifelt mit dem wild schlagenden Nylonsegel unseres großen Kuppelzelts. Erst als wir die langen Sandheringe in den Boden gerammt und volle Wasserkanister darauf gestellt haben, scheint das Zelt stehenbleiben zu wollen. Während ich sämtliche Abspannleinen mit den Aluprofilen verankere, fällt mir plötzlich auf, daß der Himmel rabenschwarz geworden, kein einziger Stern mehr zu sehen ist. Fast im selben Moment fängt es zu regnen an – nicht Tropfen, sondern wahre Wasserbomben, die auf dem noch ungeschützten Innenzelt handtellergroße Flecken hinterlassen. In den Sekunden, die wir zum Überstülpen des wasserdichten Außenzelts benötigen, wird der Regen zum Wolkenbruch apokalyptischen Ausmaßes. Wir triefen vor Nässe, pappiger Sand bedeckt Haut und Haare. Peter und Waltraud schlüpfen zu uns herein, haben vor ihrem immer wieder einstürzenden Hauszelt kapituliert.

Die Geräuschkulisse der auf das Zelt prasselnden Wassermassen ist ohrenbetäubend. Wir können uns nur noch schreiend unterhalten.

»Hoffentlich ist das morgen wieder vorbei!« ruft Peter mir zu. »Meine Regenkombi ist nicht mehr dicht!«

Wenn es noch länger so regnet, dürfte das spätestens im nächsten Schwemmtonfeld nebensächlich sein, denn dort dürften wir so ins Schwitzen kommen, daß Regenschutzbekleidung ohnehin überflüssig sein wird.

So laut der Regen auf das Zeltdach trommelt, so monoton ist das Geräusch, läßt uns schon bald dieser Nacht noch ein paar Stunden Schlaf entreißen. Am nächsten Morgen hat sich der Tonfall geändert, es prasselt nicht mehr hart und peitschend auf das Nylondach, es plätschert und sprüht wie eine schwach aufgedrehte Dusche. Ich öffne den Zelteingang – der Ausblick ist fast noch schlimmer als erwartet: Aus einer tiefhängenden Wolkendecke ergießt sich einer jener zähen Landregen, wie wir sie alle von zu Hause her kennen. Milliarden dünner Wasserschnüre verbinden das Grau des Himmels mit dem schmutzigen Braun des Bodens, den wie nasse Aschehalden aussehenden Dünen. Überall im Kessel haben sich kleine Seen gebildet.

Boris und Renato schieben sich gerade unter dem Suzuki hervor. Wie Cheikh und Moussa diente ihnen das Auto als Regendach. Uwe, Herbert, Hannes und Franz haben tatsächlich trotz Regensturm zwei Zelte aufgestellt, eine vermutlich noch feuchtere, noch sandigere Nacht als wir verbracht. Der Wiener Lehrer und Moto-Cross-Fahrer, wegen seiner Luftfilterreinigungs-Leidenschaft auch »Schrauber-Franz« genannt, schaut aus dem Zelt: »Ge heast, is des a Wetta für de Wüstn? Des häd ma daham a ham kenna.«

Trotz Kälte und Nässe ist die Stimmung noch gut, wird in Anbetracht der Regenkombi-Modenschau, die wir nun zwangsläufig veranstalten, sogar noch besser. Die gewagteste Kreation stellt mangels Alternative Hannes vor, das Modell »Müllsack«.

Helm auf dem Kopf, nehmen wir unser Müsli-Frühstück ein. Cheikh funktioniert das Führerhaus seines Toyotas mittels Gaskocher zur Teestube um. Der Abbau der tropfnassen, sandverklebten Zelte erfolgt ohne große Umstände, wir knüllen sie einfach zusammen. Hoffentlich können wir sie noch vor der nächsten Nacht wieder trocknen.

Die Dünen haben durch den Regen eine dicke und relativ harte, zumindest tragfähige Schicht aus nassem Sand bekommen. Wie auf Asphalt rollen wir über die steilen Hänge, kürzen in nahezu direkter Linie nach Norden ab, zurück zur Piste. Die Spurrinnen sind inzwischen zu Wassergräben geworden, äußerst rutschigen noch dazu. Fesch-Fesch und zermah-

Schlammschlacht im Oued el Bahadi

lener Schwemmton haben sich in eine lehmartige Schicht verwandelt. Zum Glück können wir diesen Rutschbahnen meist
ganz gut ausweichen.

Wenige Kilometer weiter kommt es dann allerdings knüp-
peldick: Das kilometerbreite Oued el Bahadi, ein vegetations-
reiches Schwemmtonflußbett mit harten und hohen Abfluß-
kanten, durch das sich eine tief zerfurchte Fesch-Fesch-Piste
in engen Kurven windet, ist schon bei Trockenheit eine
schwierige Passage. Nur mit Mut und offenem Gasgriff
kommt man hier problemlos durch.

Der Regen hat den Trockenfluß in einen klebrigen Sumpf
verwandelt. Wir halten an, testen den schmierigen Untergrund erst mal zu Fuß. Er ist derart rutschig, daß wir uns
kaum auf den Beinen halten können, mit jedem Schritt zwei
Zentimeter größer werden. Der nasse Schwemmton klebt wie
Leim an den Schuhsohlen. Doch wir müssen durch, solange
das Wadi noch nicht vollkommen überschwemmt ist. Es kann
nicht mehr lange dauern, bis die erste Flutwelle anrollt!

Schon beim Anfahren mit kaum mehr als Standgas dreht das Hinterrad auf der Stelle. Das grobstollige Profil ist nach drei Radumdrehungen zugebacken, der »Desert«-Pneu wird zum schmierigen »Slick«-Reifen. Erst ab gut sechzig Stundenkilometer, ein schon bei Trockenheit rasantes Tempo, hören die Räder zu wachsen auf, läßt die Fliehkraft die schmierigen Klumpen aus den Stollen fliegen.

Auch für die Autos ist das Oued eine harte Nuß. Mujiba bittet mich beim ersten Stopp, das Steuer des Suzuki zu übernehmen. Sie befürchtet, mangels jeglicher Schlammerfahrung das Auto festzufahren. So übernimmt Boris meine BMW und fährt als erster los. Er tut sein Bestes, die Stollenreifen der Achthunderter-Enduro halbwegs sauberzuhalten, benutzt seine langen Beine bei den gewagten Drifts gekonnt als Gleitkufen.

Wir warten in den Autos, bis alle Motorradfahrer vor uns sind. Schon nach den ersten paar Metern Fahrt kann ich Mujiba gut verstehen: Die Lenkung ist so leichtgängig, als wäre die Lenksäule abgebrochen. Die Räder drehen selbst bei vorsichtigstem Gasgeben auf der Stelle. Als der Wagen endlich in Fahrt ist, überlasse ich das Lenken den tiefen Spurrinnen, gebe nur noch wohldosiert Gas. Wie auf Schienen kurvt der Suzuki durch den Morast. Vor uns spielt sich eine unglaubliche Schlammschlacht ab, es ist schon beinahe wieder lustig.

Hannes bringt es am gröbsten, donnert fünfzig Meter neben der Piste mit Schwung in einen metertiefen Wassergraben. Ein Nilpferd könnte keine größere Bugwelle erzeugen, Mann und Motorrad sind in den Wasserfontänen kaum noch zu sehen. Doch Hannes kommt tatsächlich auf der anderen Seite wieder heil heraus, bolzt weiter durch den Morast, als sei diese Einlage nur ein Test der »Müllbeutel-Kombi« gewesen. Schrauber-Franz probiert es nach Crosser-Manier, jagt seine Cagiva Elefant ohne Rücksicht auf Verluste querbeet über Gräben und Buckel, legt mehrmals meterhohe Sprünge hin. Renato und Herbert baggern sich vor den Schlammfontänen ihrer Hinterräder fußelnd durch den Modder. Die Rei-

Hannes auf „Tauchfahrt"

fen ihrer Maschinen sind zu monströsen Schlammgebilden geworden. Dadurch abgeschreckt, versuchen Uwe und Peter im Tempobereich der »Reifen-Fliehkraftreinigung« zu bleiben, schlittern wie Speedway-Fahrer mehr quer als längs um die Kurven.

Bald werden die Oueds unpassierbar sein

Im Handumdrehen wird der Untergrund weicher. Die Wassermassen lösen den Boden in immer tiefere Schichten auf. Zahlreiche Bäche fließen quer zu unserer Fahrtrichtung über die Piste; es kann nicht mehr lange dauern, bis das Oued endgültig unpassierbar sein wird. Vor einer Kuppe bleibt der Toyota stecken, dreht mit allen Rädern auf der Stelle. Die Sandbleche leisten zum Glück auch in aufgeweichtem Schwemmton gute Dienste. Wir bekommen das Auto rasch wieder flott, sind nach der Schiebeaktion genauso verdreckt wie die Motorradfahrer.

Das Ende des Oued ist schon in Sicht. Ein Teil der Maschinen parkt bereits in Sicherheit an einem Geröllhügel. Da kommt uns plötzlich Boris mit Peter auf dem Soziussitz wieder entgegengefahren.

»Waltraud ist gestürzt!« ruft er uns im Vorbeifahren zu.

Es scheint jedoch nichts Ernstes passiert zu sein, rund hundert Meter hinter uns steht sie schon wieder auf den Beinen. Herbert und Renato basteln an ihrer Kawasaki herum.

Trotzdem will ich zurückfahren, gebe Cheikh und Moussa Zeichen weiterzufahren, ehe die drei Tonnen noch einmal »versumpfen«. Das Wendemanöver gestaltet sich allerdings schwierig: Mit voll eingeschlagenen Vorderrädern schiebt der Wagen einfach geradeaus weiter, kommt nicht aus den Spurrinnen. Der Untergrund ist zu glatt, das Reifenprofil zu verklebt, um die Lenkbewegungen zu übertragen. Wir legen abgerissene Büsche vor die Räder, ich schalte ins Reduziergetriebe. So behutsam wie nur irgend möglich gebe ich Gas. Im Schneckentempo kriecht der »Wüstenfloh« nun über die Schmiere zurück zu Waltraud. Die Räder drehen kaum noch durch.

Das Vorderrad der Kawasaki ist total blockiert: Der Lehm hat den über zwanzig Zentimeter hohen Zwischenraum vom Reifen zum Schutzblech völlig zugeklebt, den Radumfang fast verdoppelt. Mit den Montiereisen hebeln wir den unglaublich schweren und zähen Schwemmton heraus. Die sonst so sicher und schnell fahrende Krankenschwester scheint angesichts derartiger Schwierigkeiten ein wenig demoralisiert. Wir nehmen sie im Suzuki mit, während Peter versucht, die Maschine seiner Freundin ähnlich rasant durch den Morast zu pflügen, wie er es schon mit seinem eigenen Motorrad gemacht hat. Nur mit Schiebehilfe bekommen wir ihn überhaupt in Fahrt, das wild durchdrehende Hinterrad feuert eine wahre Schlammsalve nach hinten ab. Zehn Meter weiter steht die Fuhre quer, fällt ruckartig um. Zum Glück ist Schlamm weich, Mann und Maschine überstehen den zackigen »Slide« unbeschadet.

Schließlich haben wir alle die Sicherheit des anderen Ufers erreicht, empfinden das scharfkantige Geröll einer holprigen Schotterpiste geradezu als Geschenk des Himmels. Was uns weiter im Osten erwartet, stammt allerdings eher aus der Hölle, der »Paß der vom Teufel Besessenen«. Hoffentlich ist die enge und felsige Bergpiste über den Meksoum el Djenoun nicht zum reißenden Wildbach geworden, denn es schüttet noch immer wie aus Eimern.

Je näher wir den schwarzen Geröllbergen kommen, desto unheimlicher wirkt die düstere, von Wolkenschleiern umwehte Bergkette, desto holpriger wird die schmale Piste. Die ersten kleinen Wadis am Fuß des Meksoum haben sich bereits in Bäche verwandelt, sind im Gegensatz zum Oued el Bahadi wenigstens mit Felsplatten »gepflastert«.

Auf und ab wie eine kleine Achterbahn windet sich die Fahrspur in engen Kurven in das Gebirge hinein, wird langsam, aber sicher zur Felstreppe, verwandelt sich mit zunehmender Steigung zu Wildwasser.

Viel mehr als Schrittempo ist nicht mehr drin, knöchel- bis knietief strömt uns das Wasser entgegen, spült uns fußballgroße Steine entgegen. Stufen und Kanten werden zu Stromschnellen, Löcher und Rinnen zu Wassergräben unvorhersehbarer Tiefe. Immer wieder blockieren größere Felsbrocken, umgerissene »Steinmännchen« und eingestürzte Begrenzungsmauern den Weg. Häufig setzen die Motorräder hart auf, werden von überschwemmten Brocken und unterspülten Felsplatten ausgehebelt. Wie Schmiedehämmer auf einem Amboß dröhnen die gequälten Motorschutzplatten der Enduros, nicht selten sind es auch die hart durchschlagenden Stoßdämpfer.

Auf der Paßhöhe, einem engen Einschnitt zwischen schwarzen Basaltschuttbergen, müssen wir trotz des strömenden Regens eine Pause einlegen und auf die Autos warten, die immer wieder aufgehalten werden, weil sie größere Felsbrocken aus dem Weg räumen müssen, sich ohnehin nur noch im Kriechgang des Untersetzungsgetriebes vorantasten können.

Keiner, der nicht vor seiner Maschine kniet, sich vergewissert, ob die furchterregenden Geräusche nicht doch mit Schäden verbunden sind. Die Anstrengungen der langsamen Holperfahrt lassen unsere Handgelenke schmerzen, Nässe und Kälte kriechen allmählich durch die Kleidung.

Der Abstieg hinab ins nächste Tal ist geradezu eine Erholung, zudem läßt uns die grandios-wildromantische Szenerie dieser »Wildwest-Schlucht« den Dauerregen ein wenig vergessen. Eine sonst fahrerisch sehr anspruchsvolle Stelle – die Überquerung eines Feldes engstehender Dünen – wird zum Kinderspiel: Der Sand ist fest wie Beton.

Das Oued et Tiris läßt sich nur auf genauso dramatischem Weg verlassen wie betreten. Der namenlose kleine Paß an seinem Ende ist kürzer als der »vom Teufel Besessene«, dafür setzt er eine neue Höchstmarke auf der nach oben offenen Schwierigkeitsskala des »Wasserwüstenfahrens«. Eines wissen wir nach Erreichen der Paßhöhe jedenfalls: Irgendwie kommt man immer durch, selbst wenn die Steigung an eine Skisprungschanze erinnert, Fahrbahnbelag und Wassertiefe an einen Wildbach.

Die Talfahrt wird zur holprigen Rutschpartie. Mit blockiertem Hinterrad schlittern wir die steilen Serpentinen hinunter, hoppeln über die Miniaturkaskaden der Felsstufen auf einer wohl bald bis zur Unkenntlichkeit zerstörten Piste dem Tal von Tebourharine, der »Rechteckschlucht«, entgegen. Das Schlimmste ist geschafft! Für die nächsten dreihundert Kilometer erwarten uns weder Gebirge noch große Schwemmtonebenen. Hoffentlich genügt das, um dem Regen zu entfliehen.

Die Piste verläuft geradlinig in der Mitte des breiten Tals. Der Untergrund ist grobsandig, läßt sich trotz der Nässe problemlos befahren. Nur Serien tiefer, wassergefüllter Bodenwellen, die Umfahrung und manchmal auch Durchquerung von Regenseen sorgen gelegentlich für Action. Erstmals nach sechs, dann noch einmal nach acht Kilometern knicken Schlucht und Piste im Neunziggradwinkel nach rechts ab, erklären den Namen »Rechteckschlucht«.

Eigentlich ist das Tal ein gewundener Trichter, ein tief in das Plateau des Tassili Iraouene eingeschnittener Fjord. Hausgroße Felsbrocken liegen dutzendweise auf seinem Grund, hängen aber auch in gigantischen Trauben in den senkrecht bis überhängend aufragenden, viele hundert Meter hohen Felswänden. Wir widerstehen der Versuchung, in den Nischen und Überhängen der abgestürzten Riesenquader unsere längst überfällige Mittagspause abzuhalten, denn dort wären wir genau in der Schußlinie – und das ausgerechnet zu Zeiten besonders aktiver Erosion: Bei Regen werfen die Saharaberge nun mal besonders gern mit Steinen!

Am Engpaß von Tin et Terait öffnet sich die »Rechteckschlucht« zur unüberschaubaren Weite der Gharis-Ebene. Vierhundert Kilometer liegen seit In Salah hinter uns, ein Viertel davon in strömendem Dauerregen. Noch immer ist keinerlei Wetterbesserung in Sicht, im Gegenteil, der Himmel scheint seine Schleusen noch weiter zu öffnen. Nicht der kleinste helle Schimmer durchbricht das trostlose Grau des von Regenschwaden verwaschenen Horizonts. So findet das Mittagessen »unter der Dusche« statt. Wir tragen's mit Fassung, schieben Speis und Trank durch die geöffneten Helmvisiere in den Mund.

Die Fahrt über die Gharis-Ebene wird ein Erlebnis besonderer Art. Nicht wegen der riesigen Weite der Reg-Fläche, ihrer vollkommenen Flachheit, ihrer »Scheinriesen«-Effekte (siehe dazu auch »Geisterfahrer«). Etwas ganz anderes ist es, was uns die Sprache verschlägt, ein Phänomen, das in der Wüste so selten ist wie ein Sandsturm in Europa: Riesige flache Seen bedecken immer wieder große Teile des tischebenen Geländes.

Auch Cheikh und Moussa werden langsam unruhig. Sie kennen die verheerenden Folgen derartiger Regengüsse von den sommerlichen Niederschlägen im Hoggargebirge. Ihre Sorge gilt wohl vor allem den Daheimgebliebenen. Erst in zwei Wochen wird Cheikh die traurige Nachricht erhalten, daß ein Cousin in seinem vom Wasser weggerissenen Auto ertrunken ist – mitten in Tamanrasset!

Ich beginne mich langsam zu fragen, ob während unserer Abwesenheit von Euopa nicht wieder irgendeine gigantische Katastrophe passiert, eine ruckartige Klimaverschiebung eingetreten ist. Spätestens seit zwei Jahren ist dieser Gedanke alles andere als Science-fiction, der Traum von der Weltabgeschiedenheit der Wüste ausgeträumt. Tschernobyl hat auch dem letzten Zivilisationsflüchtling klargemacht, daß kein Ort des Planeten vor den »losgelassenen Geistern« menschlicher Technik sicher ist.

Der siebenhundert Meter hoch über die Ebene ragende, schwarze Doppelberg des Edjeleh ist bei der schlechten Sicht keine Orientierungshilfe für uns. Erst nach über siebzig Kilometern taucht er als schwach erkennbare Silhouette im diffusen Regengrau auf. Allerdings zu weit links, die zahlreichen Ausweichmanöver um die Überschwemmungsgebiete haben unseren geplanten Südsüdost-Kurs ein wenig verschoben. In einem unerwartet auftauchenden Labyrinth skurriler Felseier, -pilze und -säulen halten wir an. Die beinahe künstlich wirkenden Steingebilde sind nur wenige Meter hoch, bieten zuwenig Schutz für einen trockenen Lagerplatz, jedoch genug für eine regensichere Feuerstelle. Sollen wir die nun schon zweihundert Kilometer lange Wasserschlacht für heute beenden, uns mit der Hoffnung auf kommende Sonnentage über unsere feuchten Zelte hinwegtrösten?

Eigentlich keine Frage, denn es ist vier Uhr nachmittags. Alle haben wir die Nase gestrichen voll, keiner bezweifelt noch, daß Wasserdichtigkeit bei Regenkleidung ein relativer Begriff ist. Hannes ist wohl am schlechtesten dran, von seiner »Müllsack-Kombi« sind inzwischen nur noch von Tesaband-Kilometern verklebte Fetzen übrig. Vielleicht ist seine Sehnsucht nach Sonne deswegen auch am größten. Zumindest entdeckt er den hellen Schimmer am südlichen Horizont, den schmalen Riß in der Wolkendecke, als erster. Nichts wie los!

Eineinhalb Stunden später und sechzig Kilometer weiter südlich hat sich der Dauerregen dann immerhin in eine rasche Folge kurzer Schauer verwandelt. Aus der undurchdringlichen, gleichmäßig grauen Wolkendecke ist ein dahinjagender, schwarzweißer Fleckerlteppich geworden, durchbrochen von gelegentlichem Himmelblau. Die Fernsicht ist besser, die U-Boot-Silhouette des weit entfernten Garet el Djenoun zeichnet sich nun deutlich als schwarzblauer Umriß gegen den Horizont ab. Wie überdimensionale Prismen bündeln die Wolkenlöcher das Abendrot der hinter ihnen versteckten Sonne, lassen die von der Nässe dunklen Dünen des Erg Telachimt so rot aufleuchten wie einen Lavastrom.

Als wir das langgezogene Sandgebirge am Ostufer des Oued Igharghar erreichen, erlischt der Feuerzauber – die Sonne ist untergegangen. Eine halbe Stunde bleibt uns noch bis zur Dunkelheit, höchste Zeit, einen Schlafplatz zu suchen. Die Dünen sind hart genug, um sie in direkter Linie queren zu können. Kaum mehr als die Reifenoberseiten drücken sich in den nassen Sand. Das grobstollige »Desert«-Profil zeichnet endlose Reihen scharf umrissener Rechtecke und Trapeze in den unberührten Sand.

Auf dem Grat eines hohen und breiten Dünenkessels im Inneren des Erg entdecke ich einen schönen Übernachtungsplatz, gebe den anderen per Blinklicht Zeichen zum Sammeln und halte nach den Autos Ausschau. Der Suzuki ist in Sichtweite. Er krabbelt wie ein kleiner schwarzer Käfer über die Dünen, rollt die Steilhänge rauf und runter, als würde ihn ein unsichtbares Seil ziehen. Vom Toyota ist allerdings weit und breit nichts zu sehen. Hoffentlich ist er nicht in Schwierigkeiten!

Obwohl der heutige Tag fahrerisch gewiß kein Honigschlecken war, scheinen die meisten von uns noch nicht genug zu haben. Der griffige Untergrund ist einfach zu verlockend, das traumhaft fliegerische Fahrgefühl nach Kälte und Nässe ein schöner Abschluß. So ist denn auch keine Düne zu hoch, kein Hang zu steil, kein Grat zu scharf, kein Trichter zu eng, keine Schräglage zu gewagt. Erst die rasch zunehmende Dunkelheit und ein paar unfreiwillige Kapriolen sorgen für Ruhe im Dünenkessel. Leider zuviel Ruhe, denn das Motorengeräusch des Toyota ist trotz Windstille noch immer nicht zu hören. Etwas scheint schiefgegangen zu sein. Ausgerechnet jetzt, Minuten bevor es endgültig stockfinster ist!

Der Suzuki bleibt mit eingeschalteten Scheinwerfern als Leuchtturm auf der Düne stehen. Ich mache mich mit der

Nach dem „Großen Regen"

BMW auf die Suche nach unseren Tuareg, fahre den Spuren entlang zurück in die Nacht. Kaum einen Kilometer weiter stoße ich am Fuß einer großen Düne auf die Reifenabdrücke des Lkw und verstehe die Welt nicht mehr: Der Toyota ist umgedreht und in großem Bogen in Richtung Oued Igharghar zurückgefahren! Sind die beiden von allen guten Geistern verlassen?

So schnell es die Sichtverhältnisse zulassen, folge ich den Spuren. Bald habe ich auch keine andere Wahl mehr, da Cheikh einen derart verworrenen Zickzackkurs durch die Dünentäler fährt, daß ich völlig die Orientierung verliere. Nach etlichen 180-Grad-Kehren am Ende von Sackgassen und einigen Rückwärtsfahrten vor den Barrieren scharfer Dünengrate, wird die Sache endgültig verwirrend, als der Toyota in einer von zahllosen alten Spuren zerfurchten Ebene einen riesigen Kreis fährt. Zu allem Überfluß fängt es nun wieder zu regnen an, die Sicht ist katastrophal. Vom Licht des Suzuki ist ohnehin schon lange nichts mehr zu sehen. Einzig mein eigener, regentropfendurchströmter Lichtkegel erhellt die sternlose Nacht.

Plötzlich ist die Toyota-Spur verschwunden. Nur nicht den Kopf verlieren, systematisch suchen, sonst wird das eine verdammt unangenehme Nacht!

In kurzen Abständen fahre ich parallele, hundert Meter lange Geraden und finde die Spur tatsächlich wieder, die Fahrtrichtung leider nicht. Das einzige Erkennungsmerkmal fehlt völlig: Die Reifen haben keinerlei Material aufgeworfen. Der Sand ist zu naß, und Cheikh muß langsam gefahren sein.

Noch einmal folge ich dem Kreis, da sehe ich sie: Fußspuren führen einen steilen Hang hinauf und wieder hinunter. Offenbar hat Cheikh die Düne als Aussichtspunkt benützt. Ich widerstehe der Versuchung, per Motorrad hinterherzufahren. An irgendeinem Steilhang abzustürzen, wäre das letzte, was mir jetzt noch fehlte! Im Taschenlampenlicht folge ich den Spuren, stapfe durch die regennasse Nacht die steile Düne hoch. Die Ausmaße des im Dunkeln verborgenen Sandberges müssen riesig sein, der Marsch nimmt einfach kein Ende, der Hang wird immer steiler.

Der Ausblick von oben ist Erleichterung und Schock zugleich. Ich entdecke den doppelten Lichtkegel des Suzuki, doch er ist unglaublich weit weg. Ein flackerndes Licht leuchtet dicht daneben, ein Lagerfeuer! Der Toyota muß schon an unserem Lagerplatz sein, denn das Brennholz war, eingewickelt in einer Plane, auf ihm verstaut.

Die Fahrtrichtung ist klar, jetzt muß ich nur noch höllisch aufpassen, daß ich die Spuren nicht wieder verliere. Eine Viertelstunde später bin ich an unserem Dünenkessel angelangt, kann gerade noch verhindern, daß Cheikh und Mujiba im Suzuki losfahren, um mich zu suchen. Auch wenn's eigentlich gar nicht lustig war, versuche ich Cheikhs Extratour mit Humor zu nehmen. Als wir vorhin im Dünenrausch über die Sandberge düsten, fühlten sich Cheikh und Moussa wahrscheinlich so wie unsereins, wenn wir in Europa einem algerischen Touristen auf einem zugefrorenen See nachfahren müßten. Die beiden hatten es vorgezogen, den Weg zu uns über den Zickzackkurs der Dünentäler zu suchen. Steile Dünen – gleich ob trocken oder naß – sind für Tuareg nun mal etwas, das sie nur dann befahren, wenn es nicht anders geht.

Der Regengott behandelt uns heute abend trotz allem noch einigermaßen gnädig. Erst als alle Zelte stehen und das Essen fertig ist, schlägt er wieder vehement zu, erspart uns das Auslöschen des Feuers ebenso wie das Abspülen: Teller vors Zelt stellen genügt. Mein kleiner Kurzwellenempfänger kann das ohrenbetäubende Getrommel des Wolkenbruchs kaum übertönen. Der Wetterbericht von »Radio d'Algérie« bleibt unverständlich.

Was auch immer er prophezeit haben mag, acht Stunden später ist es nicht mehr wichtig: Gleißendes Sonnenlicht blitzt durch den Reißverschluß unseres Nylon-Iglus, malt den Scherenschnitt eines Motorradschattens auf den Stoff, heizt innerhalb weniger Minuten das Zelt zur Sauna auf. Ein wolkenlos blauer Himmel, eine sommerlich kräftige Märzsonne

Nach einer Stunde Sonnenschein ist der Sand schon wieder trocken

haben das triste Grau, die feuchte Kälte verdrängt. In der reingewaschenen Wüstenluft präsentiert sich ein kristallenes Weitblickpanorama, so gestochen scharf und klar, daß der Garet el Djenoun, ja selbst das Sandgebirge des hundert Kilometer nördlich gelegenen Erg Amguid zum Greifen nah erscheinen.

Nur das Regentropfenmuster der vollgesogenen Telachimt-Dünen, die im Gegenlicht der Morgensonne wie Nebel aufsteigenden Wasserdampfschwaden zeugen noch vom »großen Regen«.

Amadror

Zwei Tage später ist der »große Regen« schon fast vergessen, sind Kleidung, Zelte und der Humor in unserer Gruppe wieder trocken wie eh und je. Nur Hannes ist leicht geknickt. Er kann dem neuen Sound seiner BMW nicht allzuviel abgewinnen, zwingt er ihm doch einen äußerst verhaltenen Fahrstil auf. Das dumpfe Hubschrauber-Ballern beruht nämlich auf der Halbierung seines Zweizylinder-Boxermotors.

Nur von kurzer Dauer war gestern Hannes' Freude über das Ende der »Müllsack-Ära«, trockene Klamotten, endlich richtiges Wüstenwetter. Dann beutelt ihn das Schicksal gleich wieder ganz gewaltig: Die rechte Hälfte des Boxermotors segnet direkt am Fuß des Geisterberges das Zeitliche, haucht wegen Überhitzung den Großteil ihrer Kompression durch einen defekten Ventilsitz aus. Der Garet el Djenoun hat wieder mal zugeschlagen!

Natürlich haben weder der Berg noch einer seiner geheimnisvollen Bewohner an den Vergasern herumgeschraubt. Das hatte Hannes zwei Abende zuvor im Erg Kranguet noch selbst erledigt. Der »Geisterberg« stellt sich nur einfach wieder mal als der Ort für ebenso unangenehme wie unerwartete Ereignisse zur Verfügung.

Ohne den »großen Regen« hätte die magere Gemischeinstellung des rechten Benzin-Luft-»Mixers« wohl schon eher zu einem Überhitzungsschaden geführt. Nur die witterungsbedingte »Wasserkühlung« hat das Leben von Hannes' BMW verlängert. Die Hitze des ersten regenfreien Vormittags beendet es dann, gerade fünfzig Kilometer südlich unseres Erg-Telachimt-Nachtlagers.

Sollen wir sie auf den Lastwagen laden oder weiterfahren, heißt nach dem Zerlegen des defekten Zylinders die Frage.

»Chefmechaniker« Herbert hat eine ungewöhnliche Idee: »Benzinzufuhr abklemmen, Zündkerze raus, Sandfilter aus Mullbinden über das Kerzenloch. Dann kannst du auf einem

Motorschaden an Hannes' BMW

Nach einem Ventilsitzbruch...

...hilft höchstens noch ein Verband

Zylinder weiterfahren, mit halber Leistung und einem kernigen Einzylinder.«

Etwas mehr als die Hälfte der fünfzig PS bleibt wohl doch auf der Strecke, denn der intakte Zylinder muß die gesamte Mechanik des kaputten mitschleppen. Doch gute achtzig Stundenkilometer sind tatsächlich noch drin, mehr als genug, um unser Durchschnitts-Reisetempo locker mitfahren zu können. Fragt sich nur, ob der Motor das aushält. Doch Herbert meint, solange Hannes ihn nicht zu hoch dreht, könne er ewig so weiterfahren.

Knapp fünfhundert Kilometer sind es noch bis Djanet, davon nimmt neunzig Prozent die tischebene Reg-»Autobahn« der Amadror-Ebene sowie des Urstromtals Oued Tafassasset ein. Die gefürchtete Tahort-Passage über den Erg Admer dürfte nach dem Regen genauso problemlos zu fahren sein wie vorgestern die Dünen des Erg Telachimt. Eigentlich sollte diese Fahrt Hannes' Motor nicht über Gebühr strapazieren.

Und in Djanet besteht vielleicht die Chance, einen Ventilsitz aufzutreiben, etwa bei der BMW fahrenden Polizei oder auch von einem anderen Motorradfahrer. Um diese Jahreszeit sollte das Mekka der Saharatouristen eigentlich von zweirädrigen Wüstenfahrern wimmeln, erfahrungsgemäß ist die Mehrzahl auf einer Maschine der Bayerischen Motorenwerke unterwegs. Allerdings ist es unwahrscheinlich, daß jemand ein derart ausgefallenes Ersatzteil mit sich führt. Da ist es noch eher möglich, auf einen – der leider nicht selten – Havaristen zu treffen, ihm einen Zylinderkopf abzukaufen, denn für den Heimtransport per Flugzeug oder per ADAC-Abschleppwagen muß ein Motor ja nicht mehr funktionsfähig sein. Letzte und realistischste Lösung ist wohl, zu Hause anzurufen, das Ersatzteil per Eilpost nach Tamanrasset schicken zu lassen. Die knapp zehn Tage zwischen unserer Ankunft in Djanet und unserer Weiterfahrt von Tam sind normalerweise selbst für die algerische Post ausreichend. Die 1000-Kilometer-Etappe zwischen den beiden Städten wird Hannes dann allerdings wohl als Autopassagier zurücklegen müssen.

Im Augenblick ist all das Kopfzerbrechen des gestrigen Tages wieder vergessen. Denn jeder in unserem Team ist von der wildromantischen, zugleich lieblichen Landschaft des engen Oued In Berdouene hingerissen. Diese sehr schwer zu findende, von den Tuareg geradezu geheimgehaltene Passage durch das »Weiße Teffedest-Gebirge« zur Ebene von Amadror ist in der Tat ein Schmankerl erster Güte. Von schneeweißen Dünen verwehte hohe Berge haben der östlich des Oued Igharghar gelegenen Bergkette ihren Namen gegeben. Das versteckte In-Berdouene-Tal durchschneidet sie und führt uns durch eine besonders malerische Art von Wüste. Dünenverwehte Täler mit saftiger Vegetation liegen zwischen hohen, domartig abgerundeten, dann wieder pyramidenspitzen Gipfeln. Zwei riesige Vögel ziehen majestätisch ihre Kreise über uns. Das elegante Flugbild, die »weiße Weste« ihres Gefieders im Kontrast zu den »schwarzen Handschuhen« der Flügelspitzen lassen kaum vermuten, daß sie zur Gattung der Aasfresser gehören. Man muß diese Tiere wahrscheinlich bei der Nahrungsaufnahme beobachten, um ihren Namen zu verstehen: Es sind Schmutzgeier.

Wohl keiner von uns empfindet das Kreisen der Geier als schlechtes Omen. Dafür macht das Fahren in dieser wunderschönen Landschaft viel zu viel Spaß, geht es uns angesichts des strahlendblauen Himmels, der staubfreien, klaren Luft und der geradezu idealen Temperatur zu gut. Kurz nach der Mittagspause kommt es allerdings zu einem Unfall, der uns alle zutiefst betroffen macht, besonders Renato, denn er spielt bei dem unglücklichen Zusammenstoß die Rolle des »Killers«.

Ausgerechnet auf der kleinen Piste mußte die Gazellenmutter ihr Junges verstecken, wahrscheinlich um in einem weiter entfernten Oued zu äsen. Unmittelbar vor Renato springt das Kitz auf. Der tut alles, was er kann, um es nicht zu überfahren, reißt das Motorrad aus der Spurrinne, kommt beinahe zu Fall. Doch es ist schon zu spät, der Schlag des rechten Sturzbügels bricht der kleinen Gazelle augenblicklich das Genick.

Das tote Kitz weist keine äußere Verletzungen auf, nur der Kopf hängt unnatürlich schief neben dem nicht einmal handgelenkdicken Hals. Die großen Augen sind noch offen.

Renato stehen die Tränen in den Augen. Uns anderen geht es nicht viel besser. Dieses Tierchen ist wirklich dazu angetan, ein schlechtes Gewissen zu erzeugen, vor allem weil wir uns von den Sandsteilkurven der gewundenen Piste zu recht flotter Fahrweise haben verleiten lassen. Cheikh tut etwas, was im ersten Moment wie eine für Tuareg recht ungewöhnliche Sentimentalität wirkt, in Wirklichkeit seine Gründe im noch immer starken Geisterglauben der Wüstenbewohner hat. Er trägt uns auf, den Kadaver zu begraben, begründet das mit dem Satz: »*C'est mieux, que la mère ne trouve pas son enfant* – es ist besser, wenn die Mutter ihr Kind nicht findet.« Erst viel später sollte ich erfahren, daß Cheikh durch das Vergraben eine Bestrafung durch die »Djenoun«, die bösen Geister, verhindern wollte.

Ich trage das Kitz ein wenig abseits der Piste. Mit seinem weichen, hellbraunen Fell fühlt es sich wie ein Plüschtier an. Kaum schwerer als eine kleine Katze ist die tote »Spielzeuggazelle«, auch nicht viel größer, von den nur daumendicken, gut einen halben Meter langen Beinen abgesehen. Wir häufen Steine über das Grab, nicht um es als solches zu kennzeichnen, sondern um den Schakalen das Mittagessen zu verderben.

Am südlichen Fuß des fast 1800 Meter hohen Djebel Azer Oumfate haben wir die Durchquerung des »Weißen Teffedest-Gebirges« endgültig beendet. Wir ändern unsere Fahrtrichtung im rechten Winkel nach Nordosten und folgen einer kleinen Piste zu einem der ungewöhnlichsten, zugleich bedrückendsten Orte der Sahara. Wir sind in »Tissemt« (tamaschek für Salz), den legendären Salzminen von Amadror. Nicht wenige Menschen haben hier bei der Tagebauarbeit in riesigen Geysir-Kratern ihr Leben lassen müssen, sind von den unberechenbaren, periodisch aufsteigenden heißen Salzfontänen bei lebendigem Leib gekocht worden.

Über eine endlose Steigung aus feinem, hartem Staub gelangen wir unmerklich immer höher. Am Fuße eines sandverwehten Geröllberges verlassen wir die alte Piste, holpern in direkter Linie zwischen großen Brocken weißen Gesteins eine enge, spurenlose Sandrinne hinauf. Immer steiler wird der Hang, dann ist der von einer großen Düne gekrönte Grat des Gipfels erreicht. Der Ausblick auf das, was auf der anderen Seite tief unter uns liegt, macht die bedrückende Trostlosigkeit, die Unheimlichkeit dieses Ortes beinahe körperlich spürbar: Wir stehen auf dem Rand des höheren der beiden kilometergroßen Krater, aus denen Tissemt besteht. Wie überdimensionale Totenköpfe ragen Dutzende auto- bis hausgroßer Geysir-Buckel in seiner Mitte aus der geborstenen Salzkruste auf. An den Rändern erinnert eine Anzahl Gräber an die einst tödliche Gefahr der jetzt erloschenen Salzvulkane.

Die Talfahrt hinunter in den Kessel ist nicht jedermanns Sache. Nur drei aus unserer Gruppe nehmen sie mit mir in Angriff, die anderen fahren am Rand entlang bis zu der kleinen Verbindungspiste zum zweiten Krater. Dort stehen auch die Autos, die uns hier herauf nicht folgen konnten.

Nur mit Schwung läßt sich das tiefsandige Gefälle in den Krater bewältigen, will man nicht einen Salto über den Lenker machen. Wir stürzen uns den gut fünfundvierzig Grad steilen Hang regelrecht hinunter, geben Vollgas, um nur ja nicht mit dem Vorderrad in den butterweichen Salzsand einzusinken. Das, wovor ich die anderen vor der Talfahrt gewarnt habe, erfordert am Ende des gut hundert Meter langen Gefälles eine möglichst effektive Vollbremsung – nicht einfach in dem weichen Untergrund. Zentnerschwere Salzsteinbrocken, vor allem die »Katapulte« von zwei tiefen, aber kaum sichtbaren Bodenwellen lauern als gefährliche Fallen.

Am Rand der Geysir-Zone halten wir an. Die hellgraue, manchmal auch gelbe, von einem Netz feiner Risse und Löcher durchzogene Salzkruste der Buckel erinnert aus der Nähe noch mehr an die Struktur großer Knochen. Die bedrückende Atmosphäre dieses Ortes wird hier unten noch deutlicher. Es müssen höllische Bedingungen gewesen sein, unter denen hier einst Salz abgebaut wurde: die mörderische, vom riesigen »Parabolspiegel« des Kraters – den Milliarden Salzkristallen – gebündelte und verstärkte Sonneneinstrahlung, der feine, alles durchdringende Staub, die unberechenbaren, kochenden Salzwasserfontänen.

Die Salzkrater von Tissemt

Der zweite Krater, rund ein Kilometer entfernt, ist ein weit weniger trister Ort. Seine Ränder sind nur einige Meter hoch, der kreisrunde flache Kessel wirkt wie ein ausgetrockneter Salzsumpf. Vielleicht war er das Ablaufbecken des Geysir-Kraters. Wir laufen über die aufgebrochene, von einer dicken, schneeweißen Kruste bedeckte Fläche. Mancher testet den Geschmack der geradezu appetitlich aussehenden Salzsteinbrocken.

Cheikh erzählt uns, daß hier auch heute noch gelegentlich Salz abgebaut wird, allerdings nur im kleinen Stil. Aus der

Zeit der großen Salzkarawanen stammt hingegen das halbver-
fallene Steingebäude am Rand des Kraters. Noch in den fünf-
ziger Jahren diente es den französischen Kolonialherren als
Unterkunft für eine Wachgarnison, zugleich als »Mautstelle«
für die durchkommenden Karawanen.

Nach einer Mittagspause neben dem Mauthäuschen verlassen wir Tissemt, fahren hinauf auf eine unüberschaubare
Reg-Ebene, eine Kieselwüste. Ab jetzt werden wir für lange
Zeit keine Piste, keine einzige Spur vor uns haben, über keine
erkennbare Erhebung fahren. Die Amadror-Ebene, ein Fläche
von der Größe Südtirols und der Bevölkerungsdichte der Ant-
arktis, liegt vor uns: hundert Kilometer Geradeausfahrt über
einen von kleinen Steinchen bedeckten, vegetationslosen
Sandboden. Einzige Orientierungshilfe ist eine Kette sich
ständig verändernder schwarzer Stecknadelköpfe am rechten
Horizont – nahe gelegene kleine Buckel, aber auch kilometer-
hohe, jenseits von Amadror gelegene Berggipfel. Erst nach einem Drittel der Überquerung wird der erste richtige Flucht-
punkt auftauchen, seine Spitze über den messerscharfen Grat
zwischen Himmel und Erde schieben: der 1635 Meter hohe
Toukmatine. Der Doppelberg ist dem vierhundert Kilometer
langen Hochplateau des Tassili N'Ajjer wie ein Zeugenberg
vorgelagert. Sein sandverwehter Südhang wird uns heute
abend als Übernachtungsplatz dienen. Inshallah!

Die Ebene von Amadror verdeutlicht wie nur wenige Orte
der Sahara die Dimensionen dieser Wüste, läßt den Menschen
einerseits die Weite und Leere bis in sein Innerstes empfinden, tarnt andererseits die akute Gefahr des Sich-Verirrens
mit der trügerischen Sicherheit scheinbar grenzenloser Fernsicht. Nicht nur Uwe – heute abend wird er den Spitznamen
»verlorener Sohn« erhalten –, sondern wohl die meisten, an
optische wie reale Enge unserer zivilisierten Welt gewöhnten
Menschen, sind von der Weite dieser Landschaft überfordert,
können die Größen- und Sichtverhältnisse, die Orientierungs-
problematik einer solchen Ebene höchstens mit Hilfe eines Ver-
gleichs, eines tausendfach verkleinerten Bildes begreifen:

Man stelle sich eine Gruppe winziger, nur millimetergroßer Motorrad- und Autofahrer vor, die einen mehrere hundert Meter durchmessenden Flugplatz durchqueren wollen. In der Mitte dieser für sie unendlich großen Fläche bemerken sie plötzlich, daß einer von ihnen verlorengegangen ist. Vergeblich halten sie von einem Hügel, einer kleinen Unebenheit im Asphalt der Landebahn, Ausschau. Die zahllosen Dellen, Buckel, Risse und Verwerfungen im Teer lassen den millimetergroßen Motorradfahrer in der Versenkung verschwinden.

Der steht irgendwo in der Weite dieser für ihn unendlichen Ebene, bereut zutiefst, seinem Drang nach Einsamkeit nachgegeben, sich derart weit von seinen Mitfahrern entfernt zu haben. Er war auf der anderen Seite einer langgezogenen Teerfalte entlanggefahren, hatte nur mal spüren wollen, wie es ist, in dieser Landschaft wirklich allein zu sein. Plötzlich war ihm bewußt geworden, daß die asphaltene Hügelkette einen Bogen beschreibt, ihn vom richtigen Kurs abdrängt. Die Angst im Nacken, war er seinen Spuren entlang zurückgerast, hatte an einer plötzlich auftauchenden Passage durch das Teer-Gebirge den größtmöglichen Fehler begangen – sich zum Abkürzen entschlossen.

Was er für eine gerade, zu den Spuren seiner Mitreisenden in rechtwinkligem Kurs liegende Linie hält, ist in Wirklichkeit ein riesiger, unmerklicher Bogen, der ihn immer weiter von den anderen abdriften läßt. Als er nach stundenlanger Irrfahrt zum ersten Mal die tiefe Angst des Verirrtseins spürt, beginnt er panikartig kreuz und quer in der Gegend herumzufahren, sucht ebenso verzweifelt wie unsystematisch nach den Reifenabdrücken seiner Mitfahrer. Es ist schon fast zu spät, als er endlich zur Vernunft kommt, umdreht und entlang seiner eigenen Spuren zurückfährt. Inbrünstig hofft er, die anderen noch vor Einbruch der Dunkelheit zu finden.

Doch mitten im Einschnitt des Teer-Gebirges beschert ihm ein großer Stein zu allem Unglück noch einen »Plattfuß«. Nach der Reparatur ist es stockdunkel, an Weiterfahren nicht mehr zu denken.

Da fehlt doch einer!

Die Leuchtraketen! Zum Glück sind sie in seinem Rucksack. Ein weißglühender Feuerball schießt in den Himmel, erhellt die Umgebung für Sekunden wie ein Flutlichtscheinwerfer. Das muß doch jemand gesehen haben! Der millimetergroße Motorradfahrer ahnt nicht, daß ihn über zwanzig Meter von den anderen trennen, daß die gerade vier Zentimeter hoch fliegende Leuchtkugel aus solcher Entfernung nicht heller glimmt als irgendein Stern. Noch einmal und noch einmal schießt er eine Signalrakete ab. Nichts!

Da erinnert er sich an einen Tip, den er in einem Buch über »Survival in der Wüste« gelesen hat, baut Batterie und Scheinwerfer seines Motorrades aus, steckt beides in seinen Rucksack und macht sich an den Aufstieg auf einen der Gipfel des Teer-Gebirges. Viel länger als erwartet braucht er für die mühsame und gefährliche Kletterei. Als der millimetergroße Motorradfahrer endlich oben angelangt ist, aus zehn Zentimetern Höhe über die nächtliche Ebene blickt, ist er am Ende seiner Kräfte. Eisige Kälte und schneidender Wind lassen das Gefühl völliger Verlassenheit erdrückend werden.

Uwe schließt den Scheinwerfer an die Batterie an, dreht sich langsam um seine eigene Achse, bewegt den scharfen Lichtkegel auf und ab. Da! Weit vor ihm, mitten in einem Meer dicht über dem Horizont stehender Sterne, blinkt es zurück, leuchten plötzlich vier, dann fünf, dann zehn Lichtpunkte auf, gehen im Sekundenrhythmus aus und an. Ein weißer Lichtpunkt steigt über den Horizont, kurz darauf ein grüner. Signalraketen! Gott sei Dank!

Uwe blinkt mit dem Motorradscheinwerfer nun ebenfalls im Sekunden-Rhythmus, lädt und spannt mit der anderen Hand sein Signalraketen-Abschußgerät. Mit lautem Zischen rast eine weiße Leuchtkugel in den Himmel. Er schießt eine grüne Rakete hinterher, prägt sich noch einmal die Richtung der Lichter ein, dann macht er sich an den Abstieg. Nichts wie runter, zu den anderen fahren!

Ich bin unendlich erleichtert, als wir plötzlich Uwes Lichtzeichen sehen. Wir veranstalten ein wahres Feuerwerk, blinken mit dem Fernlicht aller acht Motorräder und dem des Suzuki, schießen zwei Leuchtraketen ab. Er hat's gesehen, antwortet mit Weiß, danach mit Grün! Es scheint alles o. k. zu sein. Dann erlischt sein Licht, taucht selbst eine halbe Stunde später noch immer nicht wieder auf. Ist er etwa gestürzt?

Als ich mit Cheikh und unserem »medizinischen Personal«, Peter und Waltraud, im Auto sitze und eben in Uwes Richtung losfahren will, ruft Herbert: »Ich seh ihn wieder!«

Tatsächlich, sogar ein bißchen größer und heller als zuvor. Dies wiederholt sich nun laufend: Erst verschwindet das Licht für Minuten, dann taucht es, heller geworden, wieder auf. Die Unebenheiten der Amadror-Ebene machen Uwe immer wieder unsichtbar. Wir blinken nur noch mit dem Fernlicht eines Motorrades, wechseln den »Leuchtturm« in zehnminütigem Rhythmus aus, um die Batterie nicht zu entladen.

Es dauert über eine Stunde, bis Uwe endlich im Scheinwerferlicht auftaucht und in unseren provisorisch errichteten Lagerplatz hineinrollt. Dreiundzwanzig Kilometer waren es von der Bergkette bis hierher. So benzinsparend wie möglich ist

Nachtlager am Toukmatine

er herübergerollt, doch schon unmittelbar nach der Abfahrt mußte er den Sprithahn auf Reservestellung drehen.

»Mensch, Uwe, das nächste Mal meldest du dich aber vorher ab«, begrüßt ihn Peter scherzhaft.

Uwe ist erleichtert und fertig zugleich, hat zudem ein reichlich schlechtes Gewissen.

»Tut mir echt leid, Thomas«, sagt er zu mir, »aber, glaub mir, ich hab' heut' abend alle meine Sünden abgebüßt.« Und ob ich ihm das glaube, kenne das Gefühl des Verirrtseins selbst gut genug.

Ein kalter Wind pfeift immer stärker von Nordosten her über die Ebene. Wir beschließen, den ungeschützten Hügel zu verlassen, doch noch bis an den Südhang des nur noch ein Dutzend Kilometer entfernten Doppelgipfels Toukmatine zu fahren. Cheikh übernimmt die Führung, Mujiba fährt neben dem Toyota, leuchtet mit den starken Doppelscheinwerfern des Suzuki die Landschaft flutlichtmäßig aus.

Lange ist das allerdings gar nicht nötig, denn direkt hinter den beiden schwarzen Zacken taucht plötzlich ein heller Schein auf, läßt den Himmel in einem mystisch-düsteren Licht erstrahlen. Die Silhouette des Toukmatine verwandelt sich innerhalb von Sekunden zur perfekten Gruselfilm-Kulisse. Als dann auch noch ein riesiger, dunkelgelber Vollmond zwischen den beiden Felstürmen aufsteigt, sie in kaltem Licht leuchten läßt, wird das Ganze zum apokalyptischen Schauspiel. Wären Gräber in der Nähe, könnten sie jetzt wohl gar nicht anders, als sich zu öffnen. Zum Glück sind sie am anderen Ende von Amadror, bei den Salzminen von Tissemt.

Saharasanitäter

Januar 1989. Wieder einmal war die ebenso legendäre wie unscheinbare Wüstenstadt In Salah nach einer knappen Woche der Anreise und Akklimatisierung das Tor zu einer ungewöhnlichen Saharareise gewesen. Heute früh hatten wir die Oase verlassen, sind nun am Ausgangspunkt einer drei Wochen langen Expedition durch das unbekannte Algerien.

Mitten in einem endlosen, tischebenen Netzwerk vertrockneten Lehms kehren wir der zwar selten, aber doch wenigstens hin und wieder befahrenen Piste nach Tamesguidat den Rücken. Die Abzweigung eines aus französischer Kolonialzeit stammenden Fahrwegs ist im Lauf der Jahrzehnte fast unsichtbar geworden. Nur einige schwach erkennbare Reifenabdrücke haben die harte Oberfläche des Schwemmtons angekratzt. Es sind Spuren, die ich vor gut zwei Monaten hier mit einer anderen Gruppe hinterlassen habe.

Die Schwemmtonebene von Chebbi in der zentralalgerischen Sahara erinnert mich ein wenig an die berühmte Hochgeschwindigkeitsrennstrecke von Bonneville/USA. Nicht weil sie wie ihr Gegenstück in der Großen Salzwüste Utahs über eine Länge von gut fünfzig Kilometern aus tischebenem und betonhartem Salzton besteht, sondern weil sie ebenso die Sucht des Menschen nach Geschwindigkeit erwachen läßt, sogar ruhige Fahrer binnen weniger Kilometer in Speed-Freaks verwandelt. Daß sorglose Raserei hier allerdings Kopf und Kragen kosten kann, weiß nur der, der die endlose, mit dem Horizont verschmelzende Ebene schon einmal befahren hat, der das Gefühl kennt, nach einer haarsträubenden Gewaltbremsung mit zitternden Knien vom Motorrad zu steigen, vor einer senkrecht abfallenden, schützengrabengroßen Abflußrinne zu stehen und zu wissen: »Das ist gerade noch mal gutgegangen!«

So halte ich zu Beginn der »Rennstrecke« an und warne alle, die noch nicht hier waren, vor den Fallen der vermeintlichen Hochgeschwindigkeitsstrecke. Für die meisten aus unserer kleinen Gruppe – neun Motorrad- und drei Autofahrer – ist dies Neuland, denn wir befinden uns auf einer Route, die fernab von allem verläuft, was einem – egal ob Neuling oder alter Wüstenfuchs – normalerweise unter die Räder kommt.

Außer mir war Mujiba schon einmal hier. Vor über einem Jahr ist sie auf der »Chebbi« dem stärksten Sahararegen seit einem halben Jahrhundert entgegengefahren (siehe »Der große Regen«), hat damals noch unseren »Wüstenfloh« chauffiert. Inzwischen fährt sie genauso souverän einen dreimal so schweren und starken Mercedes-Geländewagen.

Auch für Ilse, mit über sechzig Jahren die Älteste in unserer Gruppe, ist diese Gegend nicht neu. Erst vor zwei Jahren habe ich die Ex-Surflehrerin im Rahmen meines damaligen Reiseleiter-Jobs durch die Wüste chauffiert. Ihre fünfte Saharareise wollte die abenteuerlustige Lebenskünstlerin trotz fehlender Motorradambitionen unbedingt in unserem Auto mitmachen.

Mohammed I., Ex-Trucker, Fahrer des »Tankwagens« und Angestellter unserer algerischen Partneragentur, ist auch schon das zweite Mal hier. Vor rund acht Wochen hat uns der Targui schon einmal begleitet. Seine Funktion als Führer wird er aber erst während der zweiten großen Etappe dieser Reise ausüben, der Südumfahrung des Hoggargebirges. Denn im Orientierungs-Mosaik des algerisch-nigerischen Grenzgebietes fehlen mir noch immer einige Steinchen, käme ich ohne Karte und Kompaß nicht zurecht. Ob Mohammed mich auch auslachen wird, wenn ich mit den – laut Tuareg-Meinung – »Werkzeugen eines schlechten Führers« arbeite?

»So wirst du nie ein richtiger Führer«, hatte sein Chef, der Targui Cheikh Mellakh aus Tamanrasset, einmal zu mir gesagt, als ich probehalber die Führung durchs Tassili du Hoggar übernommen hatte und schon bald Kompaß und detaillierte Karten zu Hilfe nehmen mußte. »Du mußt dir die Form der Berge, die Farbe der Dünen merken. Vor allem drehe dich oft um, damit du das nächste Mal die Route auch in der Ge-

Noch ahne ich nicht, was uns heute alles noch bevorsteht

genrichtung findest«, hatte er mir geraten. Für jemanden, der nicht hier geboren ist, ist das leichter gesagt als getan. Vor allem, wenn die Berge nach jedem weiteren Kilometer völlig anders aussehen, wenn unsere Ziele – wie im Tassili du Hoggar – nur in wildem Zickzackkurs zu erreichen sind, wenn noch dazu ein Irrgarten von Querfeldeinstrecken, Spurenbündeln und unmarkierten Minipisten die Orientierung erschwert. Immerhin setze ich inzwischen den gesamten Rest unseres viertausend Kilometer langen Offroad-Puzzles

»blind« zusammen. Vielleicht klappt es diesmal ja sogar auch im Erosionslabyrinth Südalgeriens.

Mohammed II., klein und drahtig, immer zu Späßen aufgelegt, stammt aus einem der großen und angesehenen Tuareg-Clans. Er begleitet seinen Freund sozusagen als Urlauber, hat sich noch nie hierher verirrt. *Sein* Gebiet ist die Gegend, aus der er stammt, das Hoggargebirge und dessen Ausläufer. Dort arbeitet er als offizieller Führer bei der Verwaltung des »Parque National« von Tamanrasset, wo er »Meharees« leitet, Kamelexkursionen durch die für Fahrzeuge unerreichbaren Regionen des riesigen Bergmassivs. Mohammed II. ist vor allem wegen seiner liebenswürdigen, oft witzigen Art eine Bereicherung unseres Teams.

Was man nicht sieht, das kommt einem auch nicht wirklich gefährlich vor. Kaum einer aus unserer Gruppe scheint sich vorstellen zu können, daß die so platt und harmlos erscheinende Chebbi-Ebene wirkliche Gefahren birgt. Vor allem Udo nicht. Seine Begeisterung über das herrliche Fahrgefühl, seine Freude über den ersten richtigen Offroad-Tag unserer Reise, lassen ihn vor glückseligem Übermut alle Vorsicht vergessen. Schon vor ein paar Stunden habe ich ihn bei unserer ersten Pause unbemerkt zur Seite genommen, ihn gebeten, etwas weniger spektakulär durch die Gegend zu düsen, die anderen, noch nicht so geübten Fahrer durch seine gekonnten Kapriolen nicht zu riskanter Fahrweise zu verleiten.

Nicht daß ich ihm den Spaß nicht gönne – niemand könnte ihn besser verstehen als ich –, nur kenne ich die große Gefahr der ersten Offroad-Tage einfach zu gut. Ein leichtes, von keinerlei Gepäck belastetes Motorrad, wie Zahnräder in den Sand greifende »Desert«-Reifen, der Intensiv-Fahrkurs, den ich anfangs der Reise mit allen Neulingen durchführe, all das verschafft schon bald fahrtechnische Erfolgserlebnisse. Schneller, als mir das manchmal lieb ist, vor allem wenn mit dem Fahrkönnen auch die Illusion wächst, die Sahara sei ein riesiges Moto-Cross-Gelände. Genau das ist sie nämlich nicht. Sie ist kein überschaubarer, schon nach der ersten

Runde kalkulierbarer Rundkurs, sondern eine endlose Aneinanderreihung von geradezu boshaft ausgeklügelten Hinder-
nissen, die immer dann auftauchen, wenn man am wenigsten
damit rechnet.

Die Sahara verzeiht keine Fehler, vor allem nicht den der
Selbstüberschätzung. Wer hier zum ersten Mal motorrad-
fährt, hat nur eine Chance: auf Nummer Sicher zu gehen,
langsam und vorsichtig zu fahren, bis er nach einigen Tagen,
nach einigen hundert Offroad-Kilometern einen groben Eindruck von den zahllosen Spielarten saharatypischer »Motor-
radfahrer-Fallen« besitzt.

Udo sah's ein und gab sich 150 Kilometer lang alle Mühe.
Doch jetzt am Rand der Chebbi-Ebene boxt er mich scherzhaft in die Seite.

»Mensch, Thomas«, sagt er, »hier kannst du's mir doch
nicht verbieten! Ist doch alles platt, soweit man sieht.«

So verbringt Udo die kleine Unterbrechung mit artistischen
Hinterradfahrten als Pausenclown, umkreist uns mit immer
gekonnteren, immer schnelleren, immer steileren »Whee-
lies«. Fast senkrecht steht das Vorderrad über dem Hinterrad,
will scheinbar überhaupt nicht mehr runterkommen.

Es will, aber nicht da, wo Udo will: Ganz langsam kippt die
Maschine nach hinten um. Udo versucht noch etwas zu ret-
ten, bringt das Motorrad und sich immerhin dazu, auf die
Seite statt auf den Rücken zu knallen.

So kommt es, daß er schon am ersten Geländetag schmerzhaft zu spüren bekommt, daß die von ihm stillschweigend
übergangene Teilnahmebedingung, nämlich Moto-Cross-
Stiefel zu tragen, nirgendwo sinnvoller ist als hier. Seine
Bundeswehrspringerschuhe haben ihm jedenfalls nichts erspart: Der Köchel ist geprellt, der Fuß verstaucht, Hose und
Wade vom heißen Auspuff versengt. Die Honda sieht besser
aus, als es der betonharte Schwemmton hätte erwarten lassen. Lediglich Kupplungsgriff, Blinker und Scheinwerferver-
kleidung haben das Zeitliche gesegnet und werden von mir
zur warnenden Pistenmarkierung umfunktioniert.

Udo ist zäh, läßt sich den Schmerz nicht anmerken. Nach dem Verarzten der Brandwunde schwingt er sich wieder aufs Motorrad. Wir brechen auf zur Überquerung der Chebbi-Ebene.

Schon kaum einen Kilometer weiter quert der erste riesige Graben unsere Fahrtrichtung, eine tödliche Falle für jeden, der hier mit hohem Tempo hineinbraust. Noch mehrmals müssen wir solche Hindernisse überwinden, für unsere Autos jedesmal eine Demonstration erstaunlicher Kletterfähigkeit. Dann kommt es endlich, das mir aus vergangenen Fahrten unvergeßlich gebliebene Hochgeschwindigkeitsstück im Zentrum der Chebbi: über zwanzig Kilometer kein Loch, kein Stein, nicht eine Bodenwelle. Ich gebe der »Afrika Twin« die Sporen, den anderen das Zeichen »off limits«. Neun winzige Motorräder rasen mit weit über hundert Sachen vor riesigen schneeweißen Staubfahnen über die monotonste, leerste und dennoch faszinierendste Landschaft, die man sich nur vorstellen kann.

Unser heutiges Etappenziel, der »Froschberg« Djebel Idjerane, schiebt sich vor uns über den Horizont. Jetzt heißt es langsam wieder aufpassen, denn bald erreichen wir die Bodenwellen und Abflußgräben am Südufer der Schwemmtonebene. Ich gebe noch einmal kräftig Gas, überhole Andy und Ulli, die sich mit ihren schnellen BMWs nach vorne geschoben haben. Durch das Rücklichtblinken einer Stotterbremsung warne ich sie, gebe Signal zum Langsamerfahren.

Wie eine kleine Achterbahn schlängelt sich der schmale, nun deutlich erkennbare Fahrweg über die Vorberge des Idjerane-Massivs. Die zahllosen kurzen und steilen Anstiege sind von den sanft geschwungenen Hauben rotsandiger Wanderdünen bedeckt. Von den alten Spuren unserer letzten Fahrt ist nur noch in den Senken etwas zu sehen. Was für ein herrliches Fahrgefühl, auf dieser geradezu jungfräulichen Piste dahinzutuckern, wie auf Wolken über die sandverwehten Kuppen zu schweben, der bizarren Kulisse des vor uns liegenden Berges immer näher zu kommen! Vor zwei Jahren hatte

Gefährliche Gräben auf der Chebbi-Ebene

ich ihn in Unkenntnis der richtigen Übersetzung »Lebkuchen-berg« getauft. Erst einer unserer Tuaregführer erklärte mir die wahre Bedeutung: Djebel Idjerane heißt »Berg der Frösche«. Beide Namen charakterisieren seine ungewöhnliche Form gleich gut: Die untere Hälfte des gut dreißig Kilometer langen Massivs besteht nämlich aus gewaltigen halbkreisförmigen Felsplatten, die wie eine lange Reihe an den Berg gelehnter Riesenlebkuchen aussehen oder auch wie Köpfe dinosauriergroßer Frösche.

Etwa auf Höhe der Bergmitte bietet sich eine wunderschöne, pyramidenförmige Düne weit links von uns als Übernachtungsplatz an. Zweihundert Kilometer sind wir heute seit In

Salah gefahren, haben uns einen frühen Feierabend wirklich verdient. Ein idealer Lagerplatz, inmitten einer selten malerischen Kulisse krönt unseren ersten echten Saharatag, belohnt uns für die erste heil überstandene Offroad-Etappe. Abgesehen von unserem »Wheelie-King«! Doch Udo hat sein kleines Malheur schon fast vergessen und gibt nach dem Abendessen am Lagerfeuer Tegtmeier-Imitationen zum besten, daß nicht nur wir, sondern auch die Mohammeds sich vor Lachen biegen. Scheinbar muß man den Sinn gar nicht verstehen, um Kohlenpott-Deutsch lustig zu finden.

Beim Frühstück ahnen weder Udo, Ulli, Mohammed I. noch ich, daß uns einer der längsten und anstrengendsten Tage unseres Lebens bevorsteht. Noch ist die Welt in Ordnung. Daran ändert auch der recht kurzweilige Vormittag nichts, an dem aus einem harmlosen Abschneidemanöver zur Piste ein reichlich spektakulärer Ausflug zu den »Fröschen« des Idjerane wird.

Einige Kilometer südlich der Dünen, auf einer größeren Fläche harten Lehmbodens, bleiben plötzlich beide Geländewagen weit hinter uns zurück. Durch meinen Feldstecher versuche ich zu ergründen, was passiert ist: Mujiba, Ilse und ihr Freund Tomaso sind ebenso ausgestiegen wie die beiden Mohammeds und stehen wie ratlos um die ungewöhnlich tief liegenden Wagen herum. Sollten sie etwa in einen Graben gedonnert sein? Sollte die Federung schlappgemacht haben? Kaum vorstellbar, denn erstens folgen sie unseren Spuren, zweitens fahren Mujiba wie Mohammed I. viel zu gut und vorsichtig, um auf solche Hindernisse hereinzufallen.

Aus der Nähe bietet sich dann ein merkwürdiges Bild: Sowohl der Mercedes als auch der Toyota sind in einer flachen Senke wie durch eine Eisschicht in den Boden gebrochen, liegen auf ihren Unterboden-Schutzplatten und den Achsantriebsgehäusen auf. Es geht weder vorwärts noch rückwärts, alle vier Räder drehen im mehlfeinen Fesch-Fesch-Staub traktionslos durch. Da hilft kein Allradantrieb, keine Geländeuntersetzung, ja nicht einmal das sonstige Allheilmittel der Differentialsperren, sondern nur noch Schaufeln und Sandbleche.

Wir hacken und graben so viel von der kaum fünf Zentimeter dicken Lehmkruste weg, bis sich die gelochten Aluminiumbleche in halbwegs flachem Winkel unter die Reifen schieben lassen. Mit vereinten Kräften bringen wir den Mercedes wieder in Fahrt, rückwärts natürlich, dorthin, wo der harte Lehm für das Gewicht noch dick genug war. Doch unmittelbar hinter den Blechen bricht der Wagen wieder ein, fräst sich im Schneckentempo wie ein Eisbrecher durch die zerbröckelnde Kruste. Wird Mujiba es bis zu einer härteren Stelle schaffen? Wir schieben, was wir können, doch nach zwanzig Metern ist die Luft raus. Mit einem Ruck bleiben die drei Tonnen stehen.

Vielleicht sollten sie es doch vorwärts probieren, versuchen, in ihren eigenen Spurrinnen genügend Schwung zu bekommen? Einen Steinwurf voraus ist die Senke zu Ende. Ich laufe hinüber, hacke probeweise mit der Schaufel ein kleines Loch in den Boden. Die Kruste ist hier gut dreimal so dick wie dort, wo unsere Autos eingebrochen sind.

Wir schütten die Spurrinnen mit Lehmbrocken zu, dann gibt Mujiba Gas. Die 160 Pferdestärken des Wagens werden auf den ersten Metern noch einmal durch zehn Mannstärken unterstützt. Dann müssen wir vor den gigantischen Staubwolken, die unter den Kotflügeln hervorquellen, die Flucht ergreifen. Mujiba schaltet schwungvoll in den zweiten Gang. Der Wagen macht einen Satz nach vorn, wühlt sich mehr und mehr aus der Tiefe des Fesch-Fesch nach oben, ist am Ende der Spuren schon schnell genug, um den vertrockneten Lehm nur noch leicht einzudrücken. Geschafft! Sie hat den festen Boden erreicht, fährt weiter, parkt erst auf einem flachen Hügel, die Vorderräder leicht bergab. Noch einmal dieselbe Prozedur, und Mohammeds Toyota ist auch »an Land«.

Die tückische Fläche hat bei weitem nicht die Ausmaße der Chebbi-Ebene, doch sicher ist sicher: Wir verzichten auf die

Durchquerung, verlassen die Tonebene auf kürzestem Weg und fahren in großem Bogen drum herum.

Allmählich beginne ich mich nach dem Verbleib der Piste zu fragen. Müßten wir sie nicht längst gequert haben? Andererseits hat das spitzwinklige Abschneidemanöver vom Übernachtungplatz die vier Kilometer von gestern abend bestimmt verdoppelt. Möglicherweise haben wir die Spuren auch gerade im Tonfeld gekreuzt, wo sie der letzte Regen unsichtbar gemacht haben dürfte.

Egal, verirren können wir uns in diesem Tal sowieso nicht. Vielleicht sollten wir die Gelegenheit endlich zum schon seit langem geplanten Abstecher zum Fuß des Djebel Idjerane nutzen. Niemand hat etwas dagegen. Im Gegenteil, dafür sehen die riesigen Felsplatten viel zu interessant aus. Je näher wir den »Fröschen« kommen, desto skurriler erscheint diese Laune der Natur, desto zerklüfteter wird allerdings auch das Gelände. Was schon für uns Motorradfahrer ein Geschicklichkeitsparcours ist, bringt die beiden Autos an die Grenzen ihrer Bodenfreiheit, ihre Fahrer beinahe zur Verzweiflung.

Als wir trotz stundenlanger Kraxelei über die Vorberge des Idjerane – steile Hügel aus scharfkantigem Geröll – noch immer etliche hundert Meter vom ersten »Lebkuchen« entfernt sind, breche ich das Unternehmen ab, unseren Reifen zuliebe. Zudem klagt Evi über ihre wieder auflebenden Schmerzen im linken, von der Kupplungsbetätigung strapazierten Unterarm. Vorgestern war sie im Rahmen des ersten Fahrtrainings im Sand zu Boden gegangen und hatte sich das Handgelenk leicht verstaucht.

Ich suche mit dem Motorrad eine einfachere Möglichkeit der Rückkehr, finde hinter einer Felskuppe eine enge Wadischlucht. Ein schmaler Sandstreifen in ihrer Mitte bietet sich als Fahrweg geradezu an. Nach einem halsbrecherisch steilen Abstieg und der Überquerung eines Geröllfelds aus nachttischgroßen Quadern ist der Sand eine wahre Erholung und ermöglicht uns eine rasche Rückkehr zur Mitte des Tales, wo wir unsere kleine Piste wiederfinden. Sie erscheint uns nach

Mittagsrast im Oued Abadhega

der Kletterpartie trotz all ihrer Sandverwehungen, Abbrüche und Ausspülungen wie eine Autobahn.

Gegen Mittag erreichen wir die Einfahrt ins Oued Abadhega, finden an der Südseite eines kurzen Wildwestfilm-Canyons einen schattigen und bequemen Mittagsrastplatz, eine geräumige, sandverwehte Felsnische.

Als wir den geradezu unnatürlich grünen Vegetationsgürtel des Tales überqueren, prasseln ganze Schwärme aufgeschreckter Riesenheuschrecken wie Hagel gegen uns, werden bei der Mittagspause zur Plage: Unzählige der oft mehr als daumengroßen Insekten springen herum. Viele besitzen große durchsichtige Flügel, schwirren wie fette Libellen durch die Gegend. Sie scheinen keine Angst zu kennen, hüpfen uns auf Körper und Köpfe, lassen sich anfassen, ja, fressen sogar aus

Geflügelte Heuschrecke

der Hand. Udo füttert ein besonders fettes Exemplar mit den Küchenabfällen unseres Mittagssalats. In unglaublichem Tempo zermalmt das Tier einen Mohrrübenabschnitt mit seinen monströsen Beißwerkzeugen.

Die Tatsache, daß es seit dem »Großen Regen« vor nun über einem Jahr noch mehrmals heftig geschüttet hat, läßt offenbar nicht nur die Pflanzen der Sahara zu nie erlebter Üppigkeit aufblühen, sondern ausgerechnet auch die Tiere, die dem Grünen der Wüste in atemberaubendem Tempo ein Ende bereiten können. Was hier in der Zentralsahara schon beängstigend wirkt, hat in den Sahelgebieten Westafrikas und des Sudan katastrophale Ausmaße angenommen. Quadratkilometergroße Schwärme von Heuschrecken lassen von agrarer wie wilder Vegetation nur noch abgefressene, tote Stengel übrig. Es ist die schlimmste Heuschreckenplage seit Menschengedenken. Die Bewohner dieser Gebiete sind wirklich zu bedauern: Erst kämpfen sie jahrzehntelang einen gnadelosen Überlebenskampf gegen die Dürre. Als es dann endlich wieder regnet, wird ihre Ernte von Insekten aufgefressen!

Evis Hand hat unser Vormittagsausflug alles andere als gut getan. Sie scheint auf dem besten Wege zu sein, eine Sehnenscheidenentzündung zu bekommen. Da hilft nur eines: Motorradentzug. Die Kawasaki wird auf den Toyota geladen, Evi zur Sozia umfunktioniert. Allerdings nicht bei ihrem Freund Toni, denn der hat seinen italienischen »Wüstenelefanten« zugunsten eines Zusatztanks mit einer Einzelsitzbank ausgestattet. Also müssen wieder mal meine »Afrika Twin« und ich dran glauben. Nur gut, daß sich die Rallye-Replika zu zweit fast besser fährt als solo, denn bevor sich das Oued Abadhega wieder zur Schlucht verengt, erwarten uns gut zwanzig Kilometer tückischer Buckelpiste. Die Abfluß- und Querrinnen auf dem vor uns liegenden, breit auseinanderfächernden Wadi sind von der gemeinsten Sorte: Man sieht sie kaum, egal wie hoch oder in welcher Richtung die Sonne steht. Immer wieder folgen auf butterweiche Tiefsandstücke, die man mit Schwung durchqueren muß, nahezu senkrechte, knochenharte Stufen und Kanten – heimtückische Katapulte, die meist auch noch als Zweier- oder gar Dreierkombination auftreten.

So appelliere ich an alle, meiner Spur zu folgen, sich darauf zu verlassen, daß ich das Saharagelände im allgemeinen und diese Strecke im besonderen gut genug kenne, um eine Ideallinie zwischen die boshaften Fallen des Oued Abadhega zu legen. Denn eines ist gewiß: Noch reicht die Erfahrung bei keinem der Gruppe aus, um solches Gelände mit einem eigenen Strich sturzfrei zu bewältigen, es sei denn mit soviel Glück, wie man benötigt, um blind ein Minenfeld zu durchqueren. Wir kommen exakt zwei Kilometer weit, als mich Evi heftig an der Schulter rüttelt, aufgeregt ruft: »Den Udo hat's geschmissen!«

Vielleicht hundert Meter hinter uns und natürlich weit neben meiner Spur hat ihn eine kaum dreißig Zentimeter hohe Doppelkante aufs Kreuz gelegt. Meine anfängliche Wut darüber, daß wir seine Unvernunft schon wieder mit einer Unterbrechung – noch dazu solch unangenehmer Art – bezahlen müssen, verraucht jedoch augenblicklich, als wir bei ihm absteigen, denn diesmal hat es Udo bös erwischt. Er liegt verkrümmt auf dem Boden, zehn Meter hinter seiner anscheinend unbeschädigten Honda, und schreit vor Schmerz. Vorsichtig versuche ich ihn aus seiner verdrehten Position in Schocklage zu bringen, doch er brüllt wie am Spieß, hat so starke Schmerzen in der Schulter, daß er kurz vor der Ohnmacht ist. Ich drehe ihn vorsichtig auf den Rücken, Evi legt ihre Handschuhe unter seinen Hinterkopf.

»Ganz ruhig Udo, es wird schon wieder«, versuche ich ihn zu beruhigen. »Wo tut's weh?«

»Ich glaub, mein Schlüsselbein ist ab, es tut wahnsinnig weh da oben!« bringt er stöhnend heraus. Ich klemme meine Faust zwischen Udos rechten Oberarm und seinen Körper und drücke mit der anderen Hand seinen Ellbogen nach innen. Wie ein Hebel zieht die Bewegung die Schulter nach außen und bringt Udo sofort Erleichterung: Die beiden Bruchstücke des Schlüsselbeins scheuern nicht mehr schmerzhaft aneinander.

Wir ersetzen meine Faust durch eine Rolle elastische Binde, die ich ihm in die Achselhöhle der verletzten Schulter klemme. Dann untersuche ich ihn auf weitere Brüche, Prellungen, Blutergüsse und sonstige äußere Verletzungen, so gut ich das als sanitätskursgeschulter Laie eben vermag. Es scheint, als sei nur das Schlüsselbein gebrochen, auch wenn »nur« für einen Knochenbruch in der Sahara nicht ganz das richtige Wort ist. Trotzdem bin ich beunruhigt, denn Udo zeigt deutliche Schocksymptome, möglicherweise Anzeichen einer inneren Blutung. Es ist wirklich zum Haareausraufen! Die erste

»Wüstenfahrer«-Reise, die einzige von fünf Expeditionen dieses Winters, bei der weder ein Arzt noch eine Krankenschwester oder ein Sanitäter teilnehmen. Ausgerechnet dann passiert so etwas!

Alles was ich im Moment tun kann, ist, Udo ein starkes Schmerzmittel zu injizieren, einen Rucksackverband anzulegen und ihn so schonend und so schnell wie möglich ins nächste Krankenhaus zu fahren. Wobei Djanet oder Tamanrasset indiskutabel sind, denn sie liegen mehrere Tagereisen entfernt. Bleibt nur die Rückfahrt nach In Salah, dreihundert Offroad-Kilometer! Oder soll ich die alte Piste über den Brunnen von Ain Tidjoubar riskieren? Ich bin sie noch nie gefahren, weiß nur, daß der Paß über den Djebel Idjerane eine der spektakulärsten und schwierigsten Bergstrecken Algeriens sein soll, eines jener wahnwitzigen Pistenbaukunststücke, das sich die Franzosen im Irrglauben, die Sahara verkehrsmäßig erschließen zu können, an vielen Orten geleistet haben. Nach unserer heutigen Exkursion in die Randbereiche des »Froschbergs« kann ich mir vorstellen, wie eine Piste aussehen muß, die diesen Berg überquert, ahne noch nicht, daß die Realität meine Befürchtungen übertreffen sollte.

Die Entscheidung ist dennoch klar, denn die Strecke über den Idjerane ist hundertfünfzig Kilometer kürzer als die Route über die Chebbi-Ebene, stößt noch dazu schon siebzig Kilometer südlich von In Salah auf den geteerten Teil der Hoggar-Transsahara-Route.

Doch zuerst müssen wir den Mercedes bis auf das Notwendigste ausräumen und für den Verletzten im Laderaum ein weich gepolstertes Bett bauen, das ihn die sicher grausamen Strapazen der bevorstehenden Fahrt besser ertragen läßt.

Evi bleibt bei Udo, spendet ihm Schatten, während ich mit den anderen zu einer mehrere hundert Meter entfernten, einigermaßen als Lagerplatz geeigneten Stelle am rechten Rand des breiten Tales fahre.

Uli und Mohammed I. werden mich auf dem ungewöhnlichen Krankentransport begleiten, die anderen sollen hier so lange lagern, bis wir zurück sind – morgen, vielleicht auch erst übermorgen. Inshallah!

Wir laden den Wagen komplett aus, nehmen nur unsere Schlafsäcke, einen unserer zwölf Trinkwasserkanister, Werkzeug, Ersatzteile, Berge- und Orientierungsmaterial mit – und natürlich Medikamente gegen Schmerz und Kreislaufschwäche, denn die wird Udo bei der bevorstehenden Fahrt brauchen. Im Heck des Wagens bauen wir aus Schaumstoffmatten ein weich gepolstertes Krankenlager, befestigen Gurte, an denen er sich mit seinem gesunden Arm festhalten kann.

Inzwischen ist Udo durch die Injektion einigermaßen schmerzfrei, doch ist er am Rande eines Kreislaufkollapses. Er wird käseweiß, als wir ihn zum Entkleiden vorsichtig aufrichten. Als ich den ersten Ärmel seiner Jacke über den unverletzten Arm streife, muß ich mich schwer beherrschen, um nicht laut zu fluchen: Udo hat keinerlei Protektoren in seiner roten Kunststoffjacke! Nur dünner Schaumstoff polstert die Schulter- und Ellbogenpartien ein wenig auf, verleiht ihnen dadurch die Optik einer mit Plastikschalen verstärkten Endurojacke. Kein Wunder, daß das Schlüsselbein schon bei einem relativ harmlosen Sturz geknackt wurde. Dem Schlag einer Schulterlandung auf hartem Untergrund ist die »Sollbruchstelle« des Menschen nur dann gewachsen, wenn die punktuelle Belastung durch einen schalenförmigen Protektor auf eine größere Fläche verteilt wird. Ich nehme mir vor, auf der nächsten Tour die Einhaltung der Bekleidungsvorschriften zu kontrollieren.

Daß Udo selbst am meisten darunter leidet, alle Empfehlungen in den Wind geschlagen zu haben, hilft nun weder ihm noch einem anderen. Jeder aus unserer Gruppe bezahlt nun für diesen überflüssigen Unfall, im günstigsten Fall nur durch diese traurige Unterbrechung, im schlimmsten Fall mit einer Änderung unserer Fahrtstrecke. Denn sollten wir nicht spätestens übermorgen aus In Salah zurück sein, ist unsere Reiseroute ohne Hektik und Hetzerei nicht mehr zu schaffen.

Besorgnis über Udos Sturz

Sorgfältig und straff lege ich Udo einen Rucksackverband an, drücke eine Mullbinde auf die Bruchstelle, um die beiden Schlüsselbeintrümmer in eine normale Lage zu bringen und zu verhindern, daß sie das Schultergewebe doch noch durchstoßen. Eine doppelte elastische Binde unter der Achsel zieht die beiden Teile so weit auseinander, daß sie nicht aneinander scheuern können. Ich fixiere Udos Arm mit einem Dreieckstuch, dann heben wir den Neunzig-Kilo-Mann zu sechst auf sein Krankenlager.

Ein komisches Gefühl, sich von den anderen zu verabschieden, sie hier in der Ungewißheit zurückzulassen, auch wenn ihr Trinkwasser noch für gut fünf Tage reicht, das Essen sogar vier Wochen. Mujiba und Mohammed II. werden das Kind schon schaukeln. Sie haben ja auch den Toyota, um notfalls am kaum dreißig Kilometer entfernten Brunnen von Abadhega Wasser zu holen. Vielleicht sind wir morgen ja auch wieder zurück.

»Bringt uns fei den Udo wieder mit!« sagt Herbert, unser ebenso kleingewachsener wie durchtrainierter Gaston-Rahier-Doppelgänger, zum Abschied. Er sorgt sich sichtlich um seinen verletzten Zeltgenossen. Zu Beginn unserer Fahrt gehörte Herbert noch zu den wenigen, die ihren großen Respekt vor der Wüste unverblümt zugaben. Jetzt, kaum eine Woche später, lassen seine Besonnenheit, das Fehlen jeder Selbstüberschätzung, sein gekonnter, unauffällig schneller Fahrstil den Vergleich mit dem bekannten Rallye-As nicht nur wegen der physischen Ähnlichkeit passend erscheinen.

»Morgen abend sind wir alle wieder da«, rufe ich den Zurückgebliebenen zu. »Macht uns was Gutes zum Essen. Tschüs!« Ganz sicher bin ich mir allerdings nicht. Aber vielleicht geht ja wirklich alles halbwegs gut aus, und Udo fährt unsere Reise im Auto weiter.

Es ist schon vier Uhr nachmittags, als wir aufbrechen können. Im Schrittempo rollen wir über das holprige Oued auf die dunkle Silhouette des langgestreckten, düster und böse wirkenden Bergmassivs zu.

Obwohl ich versuche, den Wagen wie auf Watte über die Geländehindernisse rollen zu lassen, so sanft und vorsichtig fahre wie noch nie zuvor, wage ich bald nicht mehr, nach hinten auf das schmerzverzerrte Gesicht von Udo zu schauen. Es sind nicht harte Schläge, die ihn quälen, die konnte ich bis jetzt vermeiden, es ist die ständige Neigungs- und Lageveränderung des Wagens. Denn die schmale Piste, die uns seit Einmündung der Chebbi-Route auf den Froschberg zuführt, ist eine Berg-und-Tal-Bahn ohnegleichen, zwar nicht so steinig, aber noch steiler als unser Ausflug von heute vormittag. An manchen Stellen steigt der Weg derartig an, daß ich nur noch Kühlerhaube und Himmel sehe, an anderen führt er bergab in enge Senken, daß der Frontrammschutz des Wagens den Boden aufpflügt.

Dann taucht er nach Umrundung eines großen Geröllberges urplötzlich vor uns auf, der namenlose Paß über den Djebel Idjerane. »Treppe zur Hölle« wäre ein guter Name, denn das, was vor uns liegt, kann nur dem Alptraum eines geisteskranken, sadistischen Straßenbauers entsprungen sein. Selbst der abgebrühte Sahara-Trucker Mohammed traut seinen Augen nicht, sagt nur noch: »C'est pas possible – unmöglich!«

Hinter zwei riesigen Froschfelsen führt eine durch Mauern begrenzte Piste zwischen schwarzen Geröllhängen und senkrechten Felswänden schnurgerade den Berg hinauf. Ein steiles Bachbett, aus dem irgend jemand alle großen Felsbrocken entfernt und zu Begrenzungsmauern aufgeschichtet hat, eine lange Treppe aus achshohen, zerklüfteten Felsstufen.

»Sollen wir hier wirklich fahren?« frage ich Uli.

»Immer noch besser als hundertfünfzig Kilometer Umweg«, meint er, natürlich zu Recht.

»Udo, sei froh, daß du das nicht mit ansehen mußt. Dir würde gleich wieder schlecht werden«, versuche ich unseren Patienten aufzuheitern. »Wie geht's dir denn überhaupt? Sollen wir noch mal 'ne Spritze reinpfeifen?«

»Es tut nur weh, wenn ich lache«, sagt Udo schlagfertig, wenn auch wohl nicht ganz wahrheitsgemäß.

Ich lege den Allradantrieb samt Untersetzung ein, dann beginnt das Unternehmen »Reifenmord«. Meter für Meter klettert der schwere Wagen die Stufen hinauf, das Splittern und Knirschen zermalmten Gesteins, das trockene Knallen der von Kanten und Stufen springenden Räder begleitet den gequält röhrenden Sechszylinder, eine schrille, disharmonische Melodie. Jetzt nur keinen Platten! Ich müßte weiterfahren, den Reifen vollends zerstören, denn hier ist jedes Aufbocken unmöglich. An manchen Stellen sind die Stufen so hoch, die Auswaschungen so tief, daß der Wagen schon beinahe kippt, daß er selbst im ersten Untersetzungsgang, mit Schneckentempo im wahrsten Sinn des Wortes, schwankt und schaukelt wie ein Ruderboot auf stürmischer See. Die düstere, schroff zerklüftete Mondlandschaft des Idjerane-Massivs ist eine wirklich passende Kulisse für diese Höllenfahrt.

Es dauert eine Ewigkeit, bis wir die brutale Steigung endlich hinter uns haben. Oben auf der Kuppe erwartet uns jedoch noch immer kein Blick auf das, was jenseits des »Froschbergs« liegt, dafür eine lange Schlange enger Kurven. Wir haben gerade den Anfang, den ersten Anstieg geschafft, die Paßhöhe ist immer noch weit entfernt.

Udos Stöhnen läßt mich anhalten, die Handbremse arretieren und eine neue Spritze aufziehen.

»Au ja, Thomas, setz mir doch noch 'nen Schuß«, blödelt er, wenn auch mit schmerzerstickter Stimme. Nach einer Zigarettenlänge wirkt die Spritze, wir fahren weiter. Die Piste ist nun weniger steil, dafür an etlichen Stellen abgerutscht, zu hohen Felsstufen ausgewaschen. Die Sonne steht schon reichlich tief. Hoffentlich schaffen wir die Überquerung noch bei Helligkeit! Vom Scheitelpunkt der Strecke geht es so brutal bergab, daß mir der Unterkiefer vom Zähnezusammenbeißen bald mehr schmerzt als die Handgelenke vom Festhalten des schlagenden Lenkrads.

Ich habe weder Zeit noch Sinn für das malerische Farbenspiel des Sonnenuntergangs, bemerke den riesigen, knallroten Sonnenball, den schwarzblauen Himmel nur aus den Augen-

Sonnenuntergang auf dem „Höllenpaß"

winkeln. Die Angst vor einem Fahrfehler, der noch immer blickfeldfüllende Idjerane sitzen mir wie ein Zentnergewicht im Nacken. Die Sonne berührt eben den Horizont, als wir die letzte der mörderisch steilen Serpentinen hinunterholpern.

Kaum hundert Meter nach dem letzten Gefälle verzweigt sich die Piste in mehrere Richtungen. Vor uns liegt wieder einmal eine größere Schwemmtonebene. Diese hier, laut Karte Daiet el Kahla genannt, sieht allerdings höchst ungewöhnlich aus. Ebene ist eigentlich nicht der richtige Ausdruck, denn die Oberfläche des ausgetrockneten Regensammelbeckens ist extrem zerklüftet, besteht aus quadratmetergroßen, gegeneinander verschobenen Lehmplatten, aus Sahara-»Eisschollen«.

Neben den Spuren der Piste zu fahren ist unmöglich, und die sind schlichtweg eine Qual für Fahrzeug wie Insassen:

steinharte, im Schnitt halbmetertiefe »Schienen«, die sich in wildem Slalom zwischen den riesigen Schollen einer apokalyptisch wirkenden Landschaft hindurchwinden. Ich bin um die riesige Bodenfreiheit unseres Wagens genauso froh wie um die massiven Stahlplatten, die den Unterbau schützen, denn der Mittelsteg zwischen den Spuren ist mit Felsen übersät. An einigen Stellen sind die Rinnen derart tief in den Lehm gefräst, daß wir die Spur verlassen, uns zentimeterweise in beängstigender Schräglage an den riesigen Wühllöchern vorbeiarbeiten müssen, zwei Räder auf dem Mittelsteg, zwei auf dem stark überhöhten Pistenrand. Entweder sind hier Militär-Lkws, möglicherweise auch Trucks der Rallye Paris–Dakar, steckengeblieben. 1987 war diese Route erste Marathonetappe des Wüstenrennens. Vom Erg Amguid beobachteten wir damals den endlosen Konvoi der Nachtfahrer (siehe »Geisterfahrer«). Jetzt verstehe ich nur zu gut, warum so wenige die vierhundert Kilometer bis Amguid noch vor Einbruch der Dunkelheit geschafft haben.

Je näher wir der gegenüberliegenden Seite der Daiet el Kahla kommen, desto mehr bündeln sich die vielen verzweigten Fahrrinnen wieder zu einer Hauptspur. Gott sei Dank, denn inzwischen ist es stockdunkel. Meine größte Sorge, die Orientierung bei Nacht auf einer unbekannten Strecke zu verlieren, erweist sich bald als unbegründet: Entweder ist die Piste sehr schmal und im Licht unserer vier Scheinwerfer gut erkennbar oder auf den ausfächernden Abschnitten durch Steinhaufen nachtfahrsicher gekennzeichnet.

Dennoch ist die Strecke alles andere als ungefährlich, wartet immer wieder mit allerlei Überraschungen auf: abgerutschte oder weggeschwemmte Abschnitte, riesige Löcher, quer über der Piste liegende Dünen. Ich fahre langsam, riskiere nichts, komme paradoxerweise allmählich in eine angenehm-entspannte, geradezu meditative Stimmung. Vielleicht ist es die Erleichterung, das Schlimmste hinter mir zu haben, vielleicht auch das beruhigende Schnarchen von Udo und Mohammed.

Mit heruntergekurbelten Fenstern rollen wir durch die Nacht. Es ist ruhig und leer da draußen. Nur das Licht der Sterne erhellt die Dunkelheit ein wenig, macht die hohen Felswände des Oued el Botha, an dessen Rand die Piste seit längerem verläuft, als schwarze Silhouette sichtbar. Hier gibt es wohl niemanden, der sich fragen könnte, was ein einzelnes Auto so spät in der Nacht auf dieser Strecke zu suchen hat. Dabei gibt es eigentlich genug Leben um uns herum. Mäuse und anderes Kleingetier huscht über den scheinwerfererleuchteten Boden, Vögel schreien, flattern durch das Geräusch unseres Autos erschreckt davon. Ein Schakal quert seelenruhig vor uns die Piste.

Eine Gabelung, sollen wir rechts oder links weiterfahren? Auf unserer Karte ist keine Abzweigung eingezeichnet. Vielleicht nur eine kurze »Umleitung«, vielleicht auch der Weg zum Brunnen von Ain Tidjoubar, der nach Tachostand in dieser Gegend sein müßte. Wir nehmen die rechte Piste – und wissen nach hundert Metern, daß wir falsch sind. Der Fahrweg unterscheidet sich völlig von der bisherigen Route, ist weder befestigt noch angelegt, nicht mehr als ein zufällig entstandenes Spurenbündel. Trotzdem folgen wir ihm noch ein Stück, wollen uns den Brunnen ansehen. Wenig später endet unsere kurze Exkursion in einer Sackgasse vor dichtem, zwischen Felsen wachsendem Gebüsch.

Die Felsen bewegen sich. Beim Näherkommen stehen plötzlich ein Dutzend Wildesel wie graue Gespenster im Licht der aufgeblendeten Scheinwerfer. Ein winziges Fohlen ist dabei, gibt ein ängstliches »Iiiiaaah« von sich. Ich halte an, schalte Motor und Licht aus. Die Esel hoppeln ein Stück vor uns davon, nicht weit, kaum zwanzig Meter. Hinter dem kleinen Wasserbecken, einem Guelta, bleiben sie stehen, beobachten ihre ungewöhnlichen Besucher.

Es ist inzwischen nicht mehr so dunkel. Ein üppiger Halbmond geht über den Felswänden auf, spiegelt sich in dem Tümpel. Mohammed, Uli und ich steigen aus, vertreten uns die Beine. Es ist halb neun. Fünfundfünfzig Kilometer sind wir seit Udos Unfallstelle gefahren, haben sage und schreibe viereinhalb Stunden dafür gebraucht.

Die Nacht ist für Januar ungewöhnlich warm. Das Gestein der engen Schlucht strahlt immer noch die Hitze des Tages ab. Intensiver, süßer Blumenduft erfüllt die Luft. Das kleine Tal ist voll von üppig blühenden Oleandersträuchern.

Udo ist wach geworden. Er will etwas trinken und eine Zigarette rauchen. Es geht ihm etwas besser. Die letzte Spritze scheint noch immer zu wirken, die Schmerzen sind auf ein erträgliches Maß gesunken. Ob wir das Krankenhaus wohl noch vor Mitternacht erreichen? Gut hundertsechzig Kilometer müssen es noch bis In Salah sein, siebzig bis achtzig davon hoffentlich frisch geteert.

Als wir das Oued el Botha verlassen, begleitet keine Felswand mehr unsere Fahrt, keinerlei Vegetation sorgt für Abwechslung in der begrenzten »Landschaft« unseres Scheinwerferlichts. Nur die Steinmännchen der Pistenmarkierungen huschen in regelmäßigem Abstand durch den hypnotisierenden Lichttunnel. Leichtes Wellblech versetzt den Wagen gelegentlich in rüttelnde Vibrationen. Die Stunden vergehen, die Monotonie läßt mich in abgrundtiefe Müdigkeit versinken. Ein einsamer Wagen mit drei Schlafenden und einem allmählich Einschlafenden rollt durch die Nacht.

Irgendwann taucht sie dann endlich auf, die alte Hoggar-Piste, eine autobahnbreite Trasse aus mörderischem Wellblech. Einige fast unleserliche Schilder zeigen nach rechts, nach links und in die Richtung, aus der wir kommen.

Uli bietet mir einen Fahrerwechsel an. So kaputt ich bin, lehne ich doch ab. Denn auf solchen Strecken gibt es nur zwei Fortbewegungsarten. Die erste würde bedeuten, daß wir für die sechzig Kilometer bis zur Teerstraße acht bis zehn Stunden brauchten, indem wir mit kaum mehr als Schrittempo jede einzelne Querrinne rauf und wieder hinunter rollen. Die zweite kann und will ich nur selbst verantworten.

Wir biegen nach rechts ab. Das Wellblech wirkt im Scheinwerferlicht ungeheuer brutal. Ich gebe Gas. Aus leichtem

Holpern wird mit zunehmendem Tempo ein zermürbendes Stakkato. Udo stöhnt auf. Doch schon wenige Sekunden später haben hundertsechzig PS den Wagen auf ein Tempo beschleunigt, das ihn die großen Querrinnen überfliegen, uns nur noch eine gleichmäßige Vibration spüren läßt. Mit höchster Konzentration beobachte ich die vor mir liegende Strecke, nagle meinen Blick auf das Ende des Fernlichtstrahls, um kein Loch, keinen Graben zu übersehen. Es stehen über hundert Stundenkilometer auf dem Tacho!

Ich komme mir vor wie in einem Videospiel, einem Fahrsimulator. Mit atemberaubender Geschwindigkeit rasen die mörderischen Querrinnen unter dem Scheinwerferlicht dahin, verändern manchmal Abstand und Tiefe oder werden von aufgewühlten Weichsandfeldern verschluckt. Das hohe Tempo bügelt alles glatt, die verstärkte Federung des unbeladenen Mercedes offenbart unfaßbares Schluckvermögen. Nur selten muß ich die Idealgeschwindigkeit verlassen, denn die meisten Kurven sind sanfte, langgezogene Biegungen, die dennoch für das wellblechtypische »Glatteis«-Gefühl sorgen.

Nach fünfzig Kilometern ist meine Hoffnung, nun doch noch vor dem Morgen in In Salah anzukommen, endgültig begraben. Die bisher eindeutig begrenzte Piste wird plötzlich zum weit ausfächernden, unüberschaubar breiten Spuren-Chaos. Ich halte mich nach links, denn die alte Hoggar-Piste trifft in spitzem Winkel von Osten her auf die Trasse der neuen Piste, und mehr als zehn Kilometer können wir eigentlich nicht von ihr entfernt sein.

Weit vor uns streift der Scheinwerfer wieder eines der Entfernungsschilder, die in Fünf-Kilometer-Abständen auf In Salah hinweisen. Wir fahren darauf zu, befinden uns nach schier endlosem Queren Hunderter tiefer Sandspurrinnen plötzlich auf einer höchst ungewöhnlichen Fahrbahn. Sie ist durch Sandhaufen deutlich begrenzt, jedoch vollkommen unberührt, tischeben und absolut spurenlos. Das Schild ist nur ein eiserner T-Träger, auf den jemand einen Autoreifen gehängt hat. Was zum Teufel ist das für eine Piste? Sie sieht beinahe aus wie ein alter, schon lange nicht mehr benutzter Flugplatz. Jedenfalls hat uns das gerade noch gefehlt: Orientierungsprobleme kurz vor der Teerstraße! In der Baustellenlandschaft der Hauptpisten sieht schon bei Tag alles gleich aus, nachts ist das Durcheinander aus Umleitungen und Nebenpisten endgültig verwirrend. Sollen wir wieder weiter nach rechts fahren, dem Spurengewühl folgen?

»Schau mal, dort drüben!« ruft Uli plötzlich und deutet nach links. Tatsächlich, weit westlich von uns, vielleicht ein oder zwei Kilometer entfernt, sind zwei helle, sich bewegende Lichter zu sehen: Fahrzeuge. Das hintere beleuchtet das vordere gut genug, um zwei Dinge deutlich erkennen zu lassen. Erstens, daß es ein riesiger Sattelschlepper ist; zweitens, daß er keine Staubfahne hinter sich herzieht. Das muß sie sein!

»Das kann nur die Teerstraße sein! Gott sei Dank!«

»Fahr zu!« ruft Udo. »Ich will endlich auf Asphalt pinkeln.«

Wir kürzen einfach querbeet ab, sehen schon die hohe Trasse der Straße vor uns auftauchen, als plötzlich ein wahres Meer von Fesch-Fesch-Staub unsere Fahrt auf Null abbremst. Die riesigen Baustellenfahrzeuge haben den Sand neben der Straße zu bodenlos tiefem Mehlstaub zermalmt. Erst mit Hilfe beider Differentialsperren bekomme ich den Wagen wieder dazu, sich vorwärts statt abwärts zu wühlen. Dann rollen wir endlich auf den Asphalt. Was für eine Prozedur, bis Udo endlich neben dem Wagen steht! Was dann auf den Teer plätschert, ist reif für das Guinnessbuch der Rekorde.

Siebzig Kilometer nagelneuer Asphalt weiter taucht die spärliche Beleuchtung von In Salah auf.

Nicht nur, weil ich schon so oft in der kleinen Wüstenstadt war, sondern auch, weil einer meiner besten und zuverlässigsten algerischen Freunde dort lebt, fühle ich mich jetzt fast wie jemand, der nach Hause kommt. So führt unser Weg zum Krankenhaus von In Salah zuvor noch schnell am Haus von Hadji Abderrahmane vorbei, dem Besitzer des Restaurants »Le Carrefour«.

Es dauert eine Weile, bis das tiefschwarze Gesicht des hochgewachsenen Targui im kleinen Fenster neben der Tür erscheint. Er hat in seiner »Boulangerie« gearbeitet, mein heftiges Klopfen gar nicht gehört, sondern nur das plötzliche infernalische Gekläff der Nachbarshunde. Ich schaue auf die Uhr. Es ist tatsächlich schon Bäckerzeit! Fast drei Uhr früh!

Hadjis Erstaunen, uns schon nach zwei Tagen wieder zu sehen, verwandelt sich in Sorge und Bedrücktheit, als er hört, was passiert ist. Wir fahren zusammen ins Krankenhaus. Ich hoffe inbrünstig, dort einen richtigen Arzt und nicht nur ein paar gelangweilte, schlecht ausgebildete Pfleger anzutreffen, was in Afrika vor allem nachts nicht ungewöhnlich wäre. Der Krankenhauskomplex ist nagelneu, erst vor zwei Jahren mit französischer Hilfe erbaut. Das ist allerdings kein Grund zu Optimismus, denn moderne medizinische Ausstattung ist hier nicht gleichbedeutend mit entsprechender Qualifikation des Personals. Hadji kennt diese Mißstände nur zu gut, ist sehr erleichtert, als er vom Pförtner erfährt, wer heute Nachtdienst hat.

»C'est bon. Il est le meilleur«, sagt er leise zu mir.

Daß der junge, leicht übernächtigt wirkende Arzt tatsächlich »der Beste« ist, kann ich nur hoffen. In jedem Fall empfängt er uns für einen algerischen *docteur* ungewöhnlich freundlich und hilfsbereit. Sofort kümmert er sich um Udo, obwohl das Wartezimmer alles andere als leer ist, doch unter den Wartenden scheint kein ernster Fall zu sein. Als Hadji meine Verwunderung über die große Anzahl von Patienten bemerkt, erklärt er mir flüsternd, daß in In Salah rund um die Uhr Sprechstunde sei und manche Leute es einfach vorzögen, während der Nacht zum Arzt zu gehen.

Der Arzt ist Radiologe, und so kommt Udo als erstes unter die Röntgenkamera. Was man schon fast mit bloßem Auge erkennt, wird auf dem Foto überdeutlich. Ohne Verband liegen die beiden schräg durchgebrochenen Schlüsselbeinteile übereinander und verursachen enorme Schmerzen, weil sie bei jeder Bewegung in die Muskulatur stechen. Ob das wohl vernünftig zusammenheilen kann, wenn unser Bruchpilot die Reise fortsetzt?

Grundsätzlich bräuchte Udo die Reise nicht abzubrechen, meint der Arzt. Nach dem Ausrichten des Bruchs könnte er zumindest im Auto weiterfahren. Allerdings müßte er ihm dazu einen Rucksackverband aus Gips anlegen. Eine Garantie, daß die Knochen nicht trotzdem schief zusammenwachsen, könne er allerdings nicht geben.

Udo will alles andere, als die Reise beenden. Als ihm der Arzt erklärt, daß ein eventuelles Übereinanderwachsen der Bruchstücke keine Funktionsbeeinträchtigung, sondern nur einen kosmetischen Defekt, einen »Knubbel«, zur Folge habe, beschließt er, die Reise fortzusetzen. Er ist überglücklich, daß er nun doch nicht heimfliegen muß.

Das Ausrichten des Bruchs und das anschließende Eingipsen geschieht unter Narkose. Mohammed, Uli und ich fahren in der Zwischenzeit zu Hadji, sind vor Hunger und Übermüdung langsam am Ende unserer Kräfte. Ein gigantisches Käse-Tomaten-Zwiebel-Kräuter-Omelett, frisches Brot und ein Tee, der Tote aufweckt, bringen uns noch einmal auf Vordermann.

Als wir eine halbe Stunde später mit Speis und Trank für Udo zurück ins Krankenhaus fahren, hören wir schon in der Eingangstür ein unglaublich lautes Schnarchgeräusch durch das Krankenhaus hallen. Es führt uns auf direktem Weg drei Gänge weiter zur offenen Tür von Udos Zimmer. Er liegt auf dem Rücken, Schulter, Arm und Brust in einer monströsen Gipsrüstung.

Ein geradezu wildschweinartiges Grunzen gibt unser Patient von sich, ein Schnarchen, wie ich es in dieser Lautstärke noch nie gehört habe. Daran muß wohl das beengende »Korsett« schuld sein. Ich versuche ihn zu wecken, doch Müdigkeit und die Wirkung der Narkose sind stärker. So nehmen wir Hadjis leckeres Essen wieder mit, futtern den großen silbernen Teller selbst restlos leer, ehe auch uns ein todesähnlicher Tiefschlaf endgültig übermannt.

Fünf Stunden später stehen wir wieder an Udos Bett. Er ist guter Dinge, sitzt zurückgelehnt und aufrecht beim Frühstück.

»*Ça va*, Udo?«

»*Ça va*, alles in Butter – wollte sagen, in Gips.«

Um zehn Uhr sind wir nach dem Tanken wieder »on the road«, natürlich nicht ohne von Hadji mit Reiseproviant versorgt zu sein. Wir freuen uns alle schon riesig auf die Gesichter der anderen, wenn sie sehen, daß wir vollzählig wieder zurück sind. Heute nachmittag, Inshallah!

Etwa fünf Kilometer südlich der Hinweistafel »Arak 200/ In Salah 70« zweigt in einer sanften Rechtsbiegung am Rand einer weiten Ebene die erste von mehreren Pisten und Spurenbündeln ab. Dies muß die eigentliche Einmündung der alten Hoggar-Piste in die Teerstraße sein. Wir sind heute nacht an einer anderen Stelle auf das Asphaltband gelangt. Wo, läßt sich jetzt nur noch vermuten, wahrscheinlich ein Stück südlich von hier. Jedenfalls erkennen wir im Augenblick erst mal gar nichts wieder. Erst nachdem sich die weitverzweigte Piste nach endlosen Tiefsand- und Fesch-Fesch-Feldern wieder zu einer Wellblech-Rennbahn verengt, kommen mir manches Loch, manche Querrinne und die einzige enge Kurve wieder bekannt vor. Genau in ihr fängt der Wagen plötzlich grauenhaft zu schlingern an. Ich benötige alle Kraft und Konzentration, um ihn auf der Piste zu halten.

Mist! Ein Platter! Ich halte an und laufe um das Auto herum. Doch alle Reifen zeigen nicht mehr als den üblichen, leichten »Hängebauch« der Michelin-XS-Sandreifen. Ich kontrolliere zur Sicherheit den Luftdruck. Er beträgt gleichmäßig 3,0 bar, eine halbe Atmosphäre über dem Durchschnittspisten-Idealluftdruck. Das ist normal, denn die Reifen sind warm, durch die Walkarbeit aufgeheizt.

Uli entdeckt als fahrzeugtechnischer Profi auf Anhieb die Bescherung. Die gelblackierten Stahlhülsen der beiden rechtsseitigen Gasdruckstoßdämpfer sind mit einer schmierigen Pampe überzogen. Diagnose: Tod der Dichtringe. Konse-

Mini-Karawane an der Südflanke des Djebel Idjerane

quenz: schlagartiger Verlust des gesamten Dämpfungsgases. Das wenige Schmieröl der Gasdruckstoßdämpfer ist gleich mit rausgedrückt worden, hat sich mit Fesch-Fesch-Staub zu einer klebrigen Dreckschicht verbunden.

Ich ärgere mich, keine Originalstoßdämpfer eingebaut und der Behauptung des Verkäufers geglaubt zu haben, die »Gas-Shocks« seien das Nonplusultra. Eigentlich hätte ich wissen müssen, daß solches Zubehör weniger für Saharasand als für die Promenier-Boulevards deutscher Großstädte geeignet ist. Dort macht sich das knallige Gelb hinter den Weißwandbreitreifen, den Chrom- und Alufelgen der Offroad-Schickimickis bestimmt ganz gut.

Jedenfalls heißt es jetzt, so materialschonend wie möglich zu fahren, denn sonst sind die beiden anderen Stoßdämpfer auch bald hinüber. Spätestens dann schaukelt der Wagen wie ein alter Straßenkreuzer auf seinen, zum Glück extraharten Spiralfedern durch die Gegend.

Auf den restlichen fünfzig Kilometern bis zur Abzweigung nach Amguid versuche ich, das mörderische Wellblech weitgehend zu vermeiden, wühle mich mit Allradantrieb und manchmal auch Untersetzung durch die bodenlosen Tiefsandfelder neben der Piste. Doch immer wieder zwingt das Gelände uns zurück auf die Hauptspur, wo wir nur mit Schrittempo über die brutalen Querrillen rollen können. So wird es zwei Uhr nachmittags, bis wir den kleinen Schilderwald an der Abzweigung erreichen. Neunzig Kilometer sind es von hier noch bis zum Lagerplatz unserer Gruppe. Neunzig Kilometer, von denen wir ein Drittel im Schrittempo fahren müssen. Weniger wegen Udo, dem geht's erstaunlich gut. Er sitzt im Auto statt zu liegen, ist schon gespannt auf den »Höllenpaß«, von dem er gestern abend nicht mehr als das Geschaukel, die grausige Geräuschkulisse, mein Fluchen und seine Schmerzen mitbekommen hat.

Links von der Piste liegen zwei abgebrannte und ausgeschlachtete Wracks, offensichtlich Fahrzeuge der Rallye Paris–Dakar. Eine hohe Stufe ist den beiden Autos zum Ver-

hängnis geworden. Dem einen hat es die Vorderachse heraus-
gerissen, dem anderen einen Längsüberschlag verschafft. Ob
die Passagiere das überlebt haben? Die Fahrgastzelle ist jedenfalls noch einigermaßen in Form geblieben. Sonst hätten wir
wahrscheinlich kaum erkannt, daß es sich um dasselbe Auto
wie unseres handelt, einen Mercedes 280 GE.

»Schau mal, was da liegt!« Uli denkt sicher dasselbe wie
ich: Ob wohl die Stoßdämpfer noch da sind? Sie sind es.
Wunderschöne dicke Heavy-Duty-Öldruckdämpfer, die gleichen, die in unserem zweiten »Wüstenfahrer"-Wagen eingebaut sind. Der steht aber leider zu Hause.

Trotz des Unfalls sind die Stoßdämpfer noch gerade. Wir
bauen einen von ihnen aus, drücken ihn probeweise zusammen. Ich registriere zähen Widerstand. Sollte der tatsächlich
noch funktionieren? Die Freude ist leider nur kurz.
»Schrapp!« macht es plötzlich, dann haben sich Sand und
Rost gelöst, rutschen die beiden Stahlhülsen auf Anschlag zusammen. Öl und Dichtringe sind natürlich ein Opfer der
Flammen geworden. Es wäre auch zu schön gewesen, um
wahr zu sein!

Wir nützen die Unfall-Besichtigung gleich zur längst über-
fälligen Mittagspause, verzehren die riesigen Eier-Salat-Ba-
guettes, die uns Hadji mitgegeben hat.

Viel verpaßt haben wir bei der gestrigen Nachtfahrt nicht.
Die Landschaft ist monoton, folgt dem Verlauf des hier sehr
breiten Oued el Botha. Nur die stellenweise recht üppige Vegetation des Trockenflusses und die wie Regen gegen den
Wagen prasselnden Heuschreckenschwärme bringen ein wenig Abwechslung in die langweilige Fahrt. Nach knapp vierzig
Kilometern ändert sich das. Einige Berge und die ungewöhnliche Konstruktion einer windmühlengetriebenen, gemauer-
ten Brunnenanlage tauchen rechter Hand auf. Das muß Ain
Tidjoubar sein, nicht, wie wir dachten, das oleandergesäumte
Wasserloch von gestern nacht.

Die riesigen Blechflügel des auf einem Turm sitzenden Pro-
pellers drehen sich nur langsam, bleiben zwischendurch ste-

hen, denn es ist ein windstiller Tag. Ein oder zwei Umdrehungen genügen allerdings, um einen kräftigen Wasserstrahl aus dem armdicken Rohr in ein großes Becken fließen zu lassen: eine automatische Tiertränke. Nicht schlecht, was die Franzosen hier vor über dreißig Jahren gebaut haben.

Udo fühlt sich inzwischen wie neugeboren, klettert aus dem Auto und fotografiert wie ein Wilder, betätigt mit großem Geschick einhändig Aufzug, Auslöser und Schärfeeinstellung seiner Kamera. Das bucklige Gipskorsett trägt ihm schon bald und für den Rest der Reise den Spitznamen »Quasimodo« ein.

Die Weiterfahrt gestaltet sich nun wieder abwechslungsreicher. Entlang einer Kette versandeter Felshügel schlängelt sich die jetzt wieder schmale Piste bergauf und bergab. Wir passieren das »Oleander-Tal«, das sich bei Tag nur als Einschnitt zwischen zwei Hügeln entpuppt. Die Eselherde ist noch immer da, galoppiert ängstlich ein Stück davon. Nur das Fohlen bleibt stehen, sieht uns an, als ob es sich erinnerte. Erst als Udo zum Fotografieren aussteigt, hoppelt es weg.

Steile, sandverwehte Hohlwege und einige über der Piste liegende Wanderdünen stellen schon höhere Fahranforderungen als gestern in umgekehrter Richtung. Doch Uli, der mich seit der Pause bei den Autowracks am Steuer abgelöst hat, meistert seine erste vierrädrige Pistenfahrt souverän.

Nach einem weiteren extrem tiefsandigen Anstieg auf eine knallgelbe, von schwarzen Felsbrocken getupfte Hochfläche knickt die Piste in Richtung Osten ab und führt ab jetzt direkt auf den nicht mehr weit entfernten »Froschberg« zu. Der wirkt heute noch bedrohlicher, wahrscheinlich, weil wir wissen, was uns erwartet: die supersteile Serpentinenauffahrt auch noch mit einem nur halbseitig stoßgedämpften Auto bewältigen zu müssen.

Schon fast in Sichtweite der zerklüfteten Lehmschollenfläche am Fuß des Idjerane taucht plötzlich eine deutliche, mit Felsbrocken eingefaßte Abzweigung auf. Auf der Herfahrt hatten wir sie nur am Rande registriert, sie für die Einmündung einer der vielen Spuren über die Daiet el Kahla gehalten. Die Piste führt in spitzem Winkel von unserer Route nach Südosten und ist auf den ersten Metern mit Felsbrocken gepflastert. Eine Reihe quergelegter Steine soll sie wohl symbolisch versperren, ein steinerner Pfeil weist in Richtung des »Höllenpasses«. Ob das alte Wegweiser der Rallye Paris–Dakar sind?

Ich studiere die IGN-Karte, Blatt Ain Tidjoubar, Maßstab 1:200000. Eine Art Abzweigung ist in der Tat eingezeichnet, allerdings erst auf den zweiten Blick erkennbar. Eine wichtige Piste scheint das wohl nicht zu sein. Sie ist nur als dünner unterbrochener Strich eingezeichnet.

Doch die Topographie der hochdetaillierten Karte läßt eine südliche Umfahrung des Idjerane als durchaus möglich erscheinen: Die Südspitze des Froschbergs, ein kleines Dünengelände, scheint eine Wasserscheide zu sein. Nach Westen entspringt das Oued el Botha, nach Osten das Oued Abadhega, wo unsere Gruppe lagert. Vermutlich folgt diese kleine, offensichtlich seit Jahren nicht mehr befahrene Alternativpiste dem Lauf der Wadis. Schwierigkeiten könnte höchstens, abhängig von Form, Größe und Vegetationsdichte, die Überquerung des Dünengeländes machen.

Als ich zum abschließenden Vergleich einen Blick auf die viel ungenauere Landkarte im Maßstab 1:1 Million werfe, traue ich meinen Augen nicht. Auf ihr ist die Piste deutlich eingezeichnet, in der gleichen Kategorie wie die normale Route: *»Piste practicable aux vehicles tous terrain«* – für Geländefahrzeuge geeignet. Das werden wir ausprobieren. Schlimmer als der Paß über den Djebel Idjerane kann diese Strecke auch nicht sein! Ein unlogischer Schluß, wie wir eine halbe Stunde später erkennen sollen . . . denn niemand macht sich die Mühe, eine Strecke wie den Froschberg-Paß anzulegen, wenn es eine Alternative gibt.

Schon der erste Anstieg auf ein tafelbergähnliches Plateau führt über eine gewaltige Wanderdüne. Wie eine Riesenkröte liegt sie über der Piste. Mit Schwung lasse ich den Wagen den

steilen Hang hinauffliegen, ahne noch nicht, daß ein Hohlweg, eine vom Sand zur 45-Grad-Steilkurve verwandelte
Kurve, auf mich wartet.

»Uiuiuiuiui!« tönt es aus Ulis Ecke.

»*Attention!*« kommt sogar Mohammend aus der Ruhe.

Instinktiv trete ich das Gaspedal durch. In wahnwitziger
Schräglage schaukelt der Wagen um die Biegung. Ein bißchen
langsamer, und wir wären umgekippt!

Einen knappen Kilometer weiter verschwindet die Piste
spurlos unter einem langen Feld niedriger Sicheldünen und
taucht erst nach einigen hundert Metern rechts von uns wieder auf.

So geht es nun laufend. Immer wieder müssen wir den mit
Steinbrocken gepflasterten Fahrweg suchen, denn daneben
wird die Fahrt zu quälender Wühlerei, besteht der Untergrund aus butterweichem, von Felsen durchsetztem Sand.
Nur noch mit Geländeuntersetzung und Differentialsperren
läßt sich der Wagen dort in Fahrt halten.

Das nächste Dünenfeld ist schon um vieles größer, die
Sandberge sind höher, stehen unangenehm eng zusammen.
So gut es geht, versuche ich in den Tälern zu bleiben, dennoch wird aus der Passage mit riskant schneller Kurverei eine
Gratwanderung zwischen hoffnungslosem Steckenbleiben
und Umkippen. Zum Glück gehören die Sandberge zur selte-
nen Art gleichmäßig abgerundeter Dünen, und wir bleiben
von den gefährlichen, nahezu senkrechten Steilwänden auf
den windabgewandten Seiten verschont. Dafür sind sie so
weich, daß sich das Auto wie in Tiefschnee anfühlt, achstiefe
Spuren in den Sand pflügt.

Langsam aber sicher artet unsere »Abkürzung« in Arbeit
aus: Nicht nur für die Armmuskulatur, auch meine Nerven
werden strapaziert. Es kann nur eine Frage der Zeit sein, bis
wir das erste Mal Schaufeln und Bleche ausladen müssen.

Die Piste ist nach der Passage natürlich wieder unauffind-
bar. Innerhalb der Dünen muß sie die Richtung gewechselt
haben. Querfeldein wühlen wir uns bis an den Rand des Pla-

teaus – der Ausblick ist alles andere als ermutigend: Zwar entdecken wir rechts von uns die Piste wieder, doch der ausgedehnte Erg, unter dem sie weit vor und unter uns verschwindet, sieht nach größeren Problemen aus.

Riskieren wir nicht zuviel? Ist es nicht unverantwortlich, mit nur einem Fahrzeug eine derartige Route zu befahren? Ganz abgesehen davon, daß wir eigentlich in drei Stunden am Lagerplatz unserer Gruppe sein wollten. Wir beschließen, die Umfahrung abzubrechen, querbeet zurück nach Norden zum »Froschbergpaß« zu fahren.

Doch erst einmal müssen wir von diesem Plateau herunterkommen. Ich folge dem kleinen Dünengürtel nach Süden. Nach einigen hundert Metern schlängelt sich unsere Piste unter dem Sand hervor, verschwindet kurz darauf in einem engen und steilen Hohlweg – dem östlichen Abstieg vom Plateau. Der ist allerdings versperrt: Die fünf Meter hohe Wand einer einzelnen, absolut unbefahrbaren Düne blockiert den Weg wie ein Erdrutsch einen Tunnel. Ohne Planierraupe keine Chance!

Wir haben die Nase endgültig voll, drehen um und folgen unseren eigenen Spuren zurück. Die »Steilkurvenpassage«, die uns bei der Herfahrt fast zum Verhängnis geworden wäre, sieht von oben derart furchterregend aus, daß ich es einfach nicht wage, hinunterzufahren, befürchte, das Auto diesmal wirklich umzukippen. Wir suchen nach einer anderen Möglichkeit, das Plateau zu verlassen, und finden kaum zwanzig Meter neben der Piste eine Stelle, wo die Düne bis an den Rand der Steilstufe reicht. Ein wenig zu schwungvoll lasse ich die Vorderräder des Wagens über die Stufe rollen. Sie sinken so tief in den weichen Dünensand ein, daß die Felskante die Unterseite des Fahrzeugs berührt. Es geht weder vor noch zurück. Erst als die anderen aussteigen, der Wagen ein wenig aus der Federung geht, reicht die Bodenfreiheit für die Weiterfahrt aus. Mir fällt ein Stein vom Herzen.

Als wir eine halbe Stunde später endlich die ersten steilen Serpentinen des Djebel Idjerane hochklettern, kommt mir der

»Höllenpaß« gar nicht mehr schlimm vor. Nach dem tückischen Felsbrocken-Weichsand ist der harte Untergrund geradezu beruhigend, nach dem grauenhaften, von einem bösartigen Rückenwind ins Auto geblasenen Fesch-Fesch-Staub der Daiet el Kahla bietet der Berg Erholung für unsere Atemwege.

Udo ist baff angesichts der spektakulären Trassenführung. Ich habe, wie auch schon gestern, weder Zeit noch Sinn für die wildromantische Landschaft, wage kaum den Blick von der Piste zu nehmen, hoffe, daß Reifen und unsere beiden restlichen Stoßdämpfer die Tortur auch noch ein zweites Mal durchstehen.

Die Sonne ist eben untergegangen, als wir das Oued Abadhega erreichen, unseren Mittagsrastplatz von gestern passieren. Kaum einen Kilometer vor uns müssen sie sein, doch kein Licht, kein Feuerschein erhellt das diffuse Dämmerlicht. Ich blinke mit der Lichthupe, Uli mit unserem Suchscheinwerfer. Ein wahres Feuerwerk ist die Antwort, eine lange Batterie nacheinander aufleuchtender Motorradscheinwerfer.

Ein Tag im Oued Imerhou

Wieder sind vier oder fünf Kilometer geschafft. Der Schweiß läuft mir in Bächen den Körper hinunter, die Handgelenke schmerzen vor Anstrengung, der Kühlerventilator meines Motorrads heult in höchsten Tönen. Ich schleppe mich in den dürftigen Schatten eines hausgroßen Felsen, reiße mir als erstes Helm und Protektoren-Panzer vom Körper. Das Wasser aus der Feldflasche ist nicht lauwarm, es ist heiß! Doch wen stört das, wenn Fesch-Fesch-Staub zwischen den Zähnen und am Gaumen klebt? Niemanden, zumindest nicht hier, im algerischen »Tal des Todes«, dem legendären Oued Imerhou! Auf knapp hundert Kilometer Länge durchschneidet diese enge Schlucht das Plateau du Fadnoun, windet sich wie ein gezackter Riß im Erdreich durch die »Ebene der Teufel« zwischen Fort Gardel und Illizi.

Mein alter Bekannter Brahim – ein Targui aus Fort Gardel – begleitet unsere Fahrt durch das Oued Imerhou als offizieller Führer, denn das Oued ist Teil des Nationalparks Tassili N'Ajjer, das Befahren auf eigene Faust strengstens verboten. Bis zur Fahrzeugkonfiszierung kann die Strafe reichen!

In Djanet hatte uns Brahim noch gewarnt: Das Oued Imerhou sei eine der schönsten, für Motorradfahrer aber auch härtesten Strecken der Sahara. Er wisse es genau, denn nur einmal bisher seien Motorradfahrer hier entlang gefahren – italienische Rallyeprofis, die sich aus Trainingszwecken zu den schwierigsten Strecken Ostalgeriens haben führen lassen.

Wir sind dagegen eher aus Interesse an Land und Leuten unterwegs, wollen die Sahara abseits der üblichen Hauptrouten kennenlernen. So ergab denn auch die Abstimmung darüber, ob wir von Fort Gardel nach Illizi über das Fadnoun-Plateau oder das Oued Imerhou fahren sollen, Einstimmigkeit in unserer Zwölfergruppe. Keiner verspürt die geringste Lust, über die wellblechzerfurchte Hauptpiste nach Illizi zu holpern, zumal das Oued Imerhou als Belohnung für alle Mühe nicht nur mit grandioser Szenerie, sondern auch mit heißen und kalten Sprudelquellen, natürlichen Whirlpools, winkt.

Daß Wasservorkommen im Oued Imerhou nicht nur vulkanischen Ursprungs sind, davon zeugen allerorts Tümpel und glattgeschliffene Felsplatten. Das Tal ist die letzte und größte Wassersammelrinne des gesamten Plateau du Fadnoun, wird nach Regenfällen zum reißenden Gebirgsfluß. Zum Glück ist jetzt, Mitte April, mit Niederschlägen nicht zu rechnen. Bei einem starken Regen dürfte es nämlich kein Entkommen vor den Fluten geben.

Auch Orientierungsprobleme sind im Oued Imerhou kein Thema: Senkrechte, bis über fünfhundert Meter hohe Felswände begrenzen zu beiden Seiten den schmalen, waldartig mit Tamarisken- und Akazienbäumen bewachsenen Grund des Oueds. Es gibt hier weder rechts noch links – nur vor oder zurück kann in der engen Schlucht die Fahrtrichtung lauten. Letzteres allerdings eher theoretisch: Keine zehn Kamele – und von denen gibt es hier unten mehr als genung – könnten uns zum Umdrehen bewegen. Was hinter uns liegt, das ist geschafft, was vor uns liegt, kann nicht schlimmer kommen.

In der Tat ist das Oued Imerhou von allen Strecken, die mir in fünfzehn Jahren und mehr als hunderttausend Kilometern in Afrika unter die Räder gekommen sind, die fahrtechnisch anspruchsvollste. Die schmale, aus zwei knietiefen Weichsandrinnen bestehende Fahrspur zieht sich in wildem Slalomkurs rund hundert Kilometer weit durch bodenlosen »Fesch-Fesch«-Staub. Der dichte Pflanzenwuchs, meterhohe Schwemmkanten, steile Felsabbrüche und plötzlich auftauchende Morastlöcher und Wassertümpel machen jeden Versuch, neben der Piste zu fahren, zum Vabanquespiel. Die Spurrinnen fordern alle verfügbare Kraft und Konzentration, denn »Fußeln«, die beliebte Anfängermethode gegen die Angst vor dem Stürzen, funktioniert hier nicht mehr, bringt Kühlwasser und Öl zum Kochen, den Fahrer an den Rand des Kreislaufkollapses. Bleibt nur eine Fahrtechnik, die ebenso

Oued Imerhou: 100 Kilometer Fesch-Fesch-Piste

waghalsig wie erfolgsträchtig ist: mit Vollgas und möglichst hoher Geschwindigkeit durch den Sand zu »fräsen«. Das ist alles andere als einfach auf dieser Strecke, denn üppige Vegatation und die einmal im Jahr durchströmenden Sturzfluten haben den Talgrund in eine staubige Mischung aus Spezialslalom und Achterbahn verwandelt. Die Sicht beträgt oft nur wenige Meter, die eigene Staubwolke setzt nicht selten zum Überholen an. So paradox es scheint: Geschwindigkeit ist auf dieser Strecke alles. Erst ab mindestens vierzig Stundenkilometern ist die Gefahr des Steckenbleibens gebannt, erst ab gut siebzig Sachen reicht die stabilisierende Wirkung der Radkreiselkräfte aus, um wie auf Schienen durch die Rinnen zu fahren, um in den zahllosen engen Kehren die Außenseite der knietiefen Spuren als Steilkurven nutzen zu können, um »Anlieger zu fahren«, wie es im Fachjargon der Geländesportler heißt. Immer wieder tauchen dann doch überraschend Felsplatten und hohe Schwemmkanten auf – meist mit besonders zerwühlten Fesch-Fesch-Löchern davor oder dahinter. Auch hier hilft nur eines: aufstehen, Gas geben und am Lenker ziehen, das Vorderrad über die tückischen Hindernisse heben, zumindest verhindern, daß es sich in den Tiefsand bohrt und einen Salto des Fahrers zur Folge hat.

Solange es funktioniert, macht das sogar großen Spaß, allerdings dürfen Konzentration und Kondition nicht auf der Strecke bleiben. Und beide werden seit der Einfahrt in das Oued Imerhou schwer strapaziert. Die Schlucht scheint das Ofenrohr der Wüste zu sein. Knapp fünfzig Grad zeigte das Thermometer gestern mittag, im Schatten wohlgemerkt! Selbst nachts sinken die Temperaturen nicht unter zwanzig Grad. Nach zehn Minuten Fahrt klebt die Zunge am Gaumen, klopft das Herz vor Anstrengung bis zum Hals. Die zahllosen, überraschend auftauchenden Geländefallen tun ein übriges dazu, halten den Adrenalinspiegel auf Maximum. Auch die Sorge um die anderen schmälert das Fahrvergnügen immer wieder, denn einige von uns erreichen auf dieser Strecke doch sichtbar ihre physischen und psychischen Grenzen. Was etwas heißen will, denn mehr als vier Wochen Wüstenfahrt liegen hinter uns. Auf über zweitausend Offroad-Kilometern haben sich inzwischen auch die Anfänger zu respektablen Enduro-Fahrern gemausert.

Im Schatten sitzend lausche ich dem von den Felswänden hin und her geworfenen, langsam lauter werdenden Ballern von Wolfgangs Yamaha. Wegen der riesigen Staubwolken, die wir aufwirbeln, halten wir großen Abstand, was allerdings den Nachteil hat, daß der Vorausfahrende bei längerem Warten immer in Zweifel ist, ob sein Hintermann nicht doch wieder mal »in den Fesch-Fesch gebissen« hat. Bei Wolfgang, unserem afrikaerfahrenen Teamarzt, muß ich diese Sorge allerdings kaum haben. Seine Fahrtechnik ist über alle Zweifel erhaben. Das Geräusch schwillt zum Donnern an. Dann bricht Wolfgang auf seiner Ténéré aus der tunnelartig zugewachsenen Piste, reißt das Motorrad mit einem Vollgasschub aus der tiefen Spurrinne, bremst mit schlitterndem Hinterrad auf der Felsplatte ab, auf der bereits meine Honda steht. Dieser Parkplatz wird uns beim Anfahren vor größeren Wühlaktionen bewahren.

Keine halbe Minute später »donnert« es wieder auf der Piste: Drei Viertel unseres österreichischen Enduro-Teams kommen angestaubt. Bewundernswert, mit welcher Geschicklichkeit Rudi seine uralte, völlig serienmäßige BMW-Enduro durch derart schweres Gelände manövriert. Auch Chris auf der kleinen Suzuki macht das Oued Imerhou mehr Spaß als Mühe.

»Die Strecke hat echt schon Wettbewerbscharakter«, meint der Staatsmeisterschaftsfahrer voll Begeisterung. Martin macht's nicht minder Spaß, auch wenn er auf seiner zusammengebastelten Yamaha-Honda immer wieder mal für allgemeine Erheiterung sorgt: Seine Spezialität sind spektakuläre Sand-Stunts vor versammeltem Publikum. Mit Fesch-Fesch-Clownmaske im Gesicht rappelt er sich von seinem Hundertachtzig-Grad-Drift wieder auf, muß nicht weniger als wir über diese Show-Einlage lachen. Von der österreichischen

»Viererbande« fehlt nur noch »Motz«. Kein Grund zur Sorge, fahrerische Probleme sind auch bei ihm auszuschließen. Der Motor seiner Yamaha TT 500 zeigt sich allerdings seit Einfahrt in das Oued Imerhou von der empfindlichen Seite: Schon zehn Minuten Tiefsandfräserei bringen die Öltemperatur in kritische Bereiche. Häufige Zigarettenpausen sind so nicht nur im Sinn von Motz, sondern auch in dem seiner Yamaha.

Und die zweite Hälfte unserer Zwölfergruppe? Wie bei jedem Stopp bete ich zu Allah, daß sie es packen, daß nicht noch einer das Handtuch wirft, wie vor knapp einer Stunde der Münchner Hans. »Keinen Meter!« wollte er mehr fahren. Nach zahlreichen Ausrutschern hat er seine schwere Zweizylinder-Enduro zuletzt einfach hingeworfen. Einen gab es allerdings, dem die körperliche und nervliche Erschöpfung von Hans Anlaß zur Freude war: Mike, unser schweizerischer Hilfsreiseleiter und Ersatzfahrer, durfte endlich wieder mal Motorrad fahren und seinen Beifahrerplatz im Auto an Hans abtreten. Ganz nach dem Motto »Je schwerer, desto schöner«, scheuchte er die Achthunderter durch den Tiefsand, daß dieser gleich die Luft ausging – am Hinterrad wohlgemerkt, akazienstachelbedingt. Mike flickt den voluminösen »Desert«-Reifen in Rekordzeit, während ich hundert Meter weiter meiner hustenden Honda »auf den Rücken klopfe« und zum dritten Mal heute den total verstopften Luftfilter reinige.

Schließlich ist auch der letzte unserer Gruppe eingetroffen. Die beiden Autos folgen in kurzem Abstand hintereinander, haben ihre »Lumpensammler«-Funktion bis jetzt erst einmal – bei Hans – wahrnehmen müssen. Mujiba hat den Mercedes bis jetzt selbst durch den tiefsten Sand chauffiert, ohne die Werkzeuge der »Wüstenfahrerschande«, Schaufel und Sandbleche, vom Dach zu holen.

Auch M'Barek, einheimischer Fahrer unseres zweiten Autos, jagt den von zahllosen Saharakilometern gezeichneten Toyota-Pickup wie einen Kampfpanzer durch eine Mehlfabrik, erklärt nach besonders haarigen Passagen regelmäßig unseren Führer Brahim in lautstarkem Tamaschek für verrückt. Der läßt sich nicht aus der Ruhe bringen, erzählt Mujiba, daß der Sand des Oued Imerhou in diesem Frühjahr besonders weich sei und Tuareg im übrigen sehr viel von Frauen hielten, die gut Auto fahren könnten.

Wir ruhen uns ein wenig aus, trinken so viel, wie wir nur in uns hineinschütten können. Der Körper verliert unter solchen Bedingungen derart viel Flüssigkeit, daß wir uns dazu zwingen müssen, literweise zu trinken, weit mehr, als das Durstgefühl signalisiert. Es reicht bei diesen Temperaturen, vor allem wegen des im heißen Fahrtwind nahezu unbemerkten Schwitzens, einfach nicht aus, um ein lebensgefährliches Flüssigkeitsdefizit zu verhindern.

Wenige Kilometer weiter schlägt das Oued Imerhou wieder zu. Was genau passiert ist, können die Hinterdreinfahrenden im ersten Moment allerdings kaum erkennen, denn undurchdringliche Staubwolken verhüllen den Ort des Geschehens.

Eine der bisher tückischsten Stellen macht uns zu schaffen: Nach einer engen, wegen des dichten Akazienwaldes besonders unübersichtlichen S-Kurve folgt ein steiles Gefälle, zwanzig Meter weiter eine Steigung vom Neigungswinkel eines Hausdaches. Das dazwischenliegende Weichsandstück ist bisher den meisten Fahrzeugen zum Verhängnis geworden, denn die Spurrinnen setzen die neue Tiefstmarke: Wäre der Fesch-Fesch nicht so weich, würden die seitlich herausragenden Zylinder der Boxer-Enduros aufsitzen, alle BMW in unserer Gruppe mit beiden Rädern in der Luft »strampeln«. So betätigen sie sich als Sandpflüge. Wer die Füße nicht eng am Motorrad läßt, tut mit seinen Stiefeln dasselbe.

Einer nach dem anderen rauscht in die Falle, baggert sich noch einige Meter vorwärts – besser gesagt abwärts –, bis er endgültig feststeckt. Verkehrsstau, nichts geht mehr!

Die Autos! Wenn die hier nicht mit Schwung durchfahren können, bleiben sie ebenfalls stecken – und das dürfte für uns alle wohl Schwerstarbeit bedeuten! Wir müssen schleunigst den Weg freimachen.

Mit Vollgas und Schiebehilfe bekommen wir die Motorräder eins nach dem anderen frei, müssen dabei auch noch die Luft anhalten, denn nun bricht das Inferno aus: Staubwolken, so dicht wie Seifenschaum, wabern atompilzartig in den Himmel.

Das metallisch harte Auspuffhämmern von Thomas' Kawasaki verstummt plötzlich, nur noch das Orgeln des leer durchdrehenden Anlassers ist zu hören. Der Sechshundertfünfziger-Einzylinder springt nicht mehr an! Zu viert heben wir die Maschine aus der Spurrinne, stellen sie neben der Piste ins Akaziengestrüpp. Während die letzten beiden Motorradfahrer sich mit Schiebehilfe den Hang hochkämpfen, nähert sich das dumpfe Brummen des Mercedes-Sechszylinders. Ich laufe ein Stück zurück, will Mujiba und M'Barek warnen, da taucht der erste Wagen schon auf. Steil ragt die Kühlerhaube an der Kuppe in den Himmel. Der Anblick, der sich Mujiba nun bietet, macht ihr wohl klar: Alles oder nichts. Sie jagt den Wagen förmlich das Gefälle hinunter, nimmt die Fesch-Fesch-Senke mit Schwung in Angriff. Schon ist sie auf unserer Höhe, keine zehn Meter von dem steilen Anstieg entfernt.

»Sperren!« rufe ich so laut ich kann. Von der anderen Pistenseite brüllt jemand: »Gib Gas, Mujiba!«

Die Differentialsperren sind schon betätigt, das Gaspedal offensichtlich nicht in Leerlaufstellung. An der tiefsten Stelle der Senke schlagen gigantische Fesch-Fesch-Wolken wie Wasser über dem Wagen zusammen, die Scheibenwischer leisten Schwerstarbeit. Schlingernd und schaukelnd wie ein Schiff in schwerer See wuchtet sich der Mercedes mit durchdrehenden Rädern den Hang hinauf, verschwindet hinter dem Hügel. Geschafft!

Zumindest zur Hälfte, denn M'Bareks nicht mehr ganz taufrischer Lastwagen kommt hier an seine Grenzen. Erstaunlich weit, immerhin bis kurz vor die Kuppe, bringt er den Toyota. Mit Sandblechen, zehnköpfiger Schiebe- und vierrädriger Schlepphilfe schaffen wir gemeinsam den Rest. M'Barek schimpft inzwischen nicht mehr, er schüttelt nur

Staubiges Inferno

noch den Kopf. Kleine Staublawinen rieseln aus der gekräuselten Lockenpracht über das ehemals schwarze Gesicht. Auch wir sehen alle aus wie kopfüber in Mehl getaucht. Ob schwarz, braun oder weiß, der Fesch-Fesch hat uns eine Einheitsfarbe verpaßt. Wir müssen alle lachen. Die Spannung entlädt sich.

Thomas kann allerdings nicht recht mitlachen. Seine Kawasaki steht ja auch mit einem Defekt im Gebüsch. Die Fehlersuche wird zur langwierigen Aktion. Wir überprüfen Kraftstoffversorgung und Zündanlage, reinigen Vergaser und Luftfilter. Doch ist dem Motor kein anderes Geräusch als das Drehen des Anlassers zu entlocken. Das trotz der vielen Startversuche unvermindert schnelle »Orgeln« des Startermotors bringt mich auf des Rätsels Lösung: Der Motor hat keine Kompression mehr! Konsequenz eines im Oued Imerhou fatalen Fehlers: Thomas hat den Schaumstoff des Naßluftfilterelements nicht mit Öl getränkt. Sand und Staub zwischen Kolben und Zylinder haben die Kompression des Motors zerschmirgelt! Wir laden das Motorrad auf den Toyota, Thomas steigt zu M'Barek und Hans mit ein.

Inzwischen ist es elf Uhr vorbei, die Hitze nimmt allmählich unerträgliche Ausmaße an. Lange können wir nicht mehr fahren, müssen uns nach einem schattigen Platz umsehen, einem Felsüberhang, unter dem wir die Stunden größter Hitze geschützt verbringen können. Doch eine solche Erholungspause ist uns noch nicht gegönnt, denn schon am nächsten Haltepunkt gibt's wieder Grund zur Aufregung: Robert ist verschwunden!

Keiner hat bemerkt, daß er zurückgeblieben wäre. Michael, der als letzter vor den Autos abgefahren ist, hat ihn noch kurz vor sich gesehen, in den Staubwolken dann aus den Augen verloren. Wolfgang und ich wollen ihn gerade suchen fahren, da ertönt erst leise, dann immer lauter ein ungleichmäßiges Motorengeräusch, ein Röhren zwischen Vollgas und Abwürgen. In wilden Schlangenlinien, mehr mitlaufend als fahrend, kommt Robert plötzlich um die letzte Kurve geschlingert, würgt unmittelbar vor uns seine Maschine ab und kippt langsam vom Sitz. Wir stürzen uns zu ihm hin, schleppen ihn in den löchrigen Schatten eines Tamariskengestrüpps und nehmen ihm den Helm ab. Sein Kopf ist hochrot, er schwitzt nicht mehr und ist kurz vor einer Ohnmacht: Hitzekollaps! Wir lagern seine Füße hoch, entkleiden ihn so gut es im Liegen geht, flößen ihm langsam Elektrolyt-Lösung ein. Wolfgang mißt Puls und Blutdruck, injiziert ein Kreislaufmittel.

»Diese verdammten Spurrinnen!« röchelt Robert. »Ich hatte die Schnauze voll, bin neben der Piste gefahren und total steckengeblieben. Ich dachte schon, ich krieg die Karre nie mehr raus.«

Wolfgang verordnet Robert für den Rest des heutigen Tages Erholung im Auto. Thomas' Intermezzo im Toyota war also nur von kurzer Dauer, er tauscht seinen Platz mit Robert, übernimmt dessen Motorrad. Zum Glück hat er trotz des gewaltigen 45-Liter-Tanks der BMW keine großen Umstellungsschwierigkeiten.

Endlich Schatten!

Inzwischen ist es Mittag geworden. Ich überlege schon, ob wir uns nicht selbst Schatten machen, eine Plane zwischen die Autos spannen sollen – nicht gerade bequem, aber besser, als in der Sonne zu verschmoren –, als hinter der nächsten Biegung ein gewaltiger Felsüberhang auftaucht. Kleine Höhlen und Nischen erweitern die Schattenstelle noch zusätzlich – ein idealer Rastplatz. Wir ziehen uns aus, bereiten als erstes zwanzig Liter Fruchtsaftgetränk zu. Gegen das Feldflaschenwasser wirkt das Naß aus den Tiefen der großen Kanister geradezu kühl. Großen Hunger hat bei der Hitze selbst nach dieser körperlichen Höchstleistung keiner. Orangen, Schwarzbrot mit Käse-, Wurst- und Fischkonserven aus dem Bauch des Autos munden dann aber doch ganz gut.

Trotz des extremen Wüstenstresses ist die Stimmung alles andere als gedrückt. Vielleicht sind es ja auch gerade die Mühen und Strapazen, die echten Grenzsituationen, die aus einer bunt zusammengewürfelten Gruppe ein eingeschworenes Team machen. Oder wie hat es Wolfgang schon gestern in einem Moment allgemeiner Erschöpfung so treffend ausgedrückt? »Zu Hause werdet ihr euch noch danach sehnen, hier zu sein.« Wie wahr, wie typisch für die Haßliebe zwischen Mensch und Wüste.

M'Barek ist anscheinend doch noch angesäuert. Zumindest läßt sich das aus dem ersten Aufguß seines Tees schließen, der ja laut Tuaregsitte »so bitter wie das Leben« sein soll. Heute schmeckt er eher wie Galle. Auch der zweite Aufguß, »so stark wie die Liebe«, ist dementsprechend reichlich würzig. Verständlich, immerhin ist M'Barek schon über vier Wochen von Frau und Familie getrennt. »Le troisième«, der dritte Aufguß, ist lecker: süß und süffig. Angesichts der Tatsache, daß wir gerade erst die Hälfte des Oued Imerhou hinter uns haben, verdränge ich den Gedanken an seinen tieferen Sinn schnell wieder: »So süß wie der Tod«.

Nicht weit von unserem Lagerplatz entfernt hockt ein recht korpulenter Miniaturdrachen im Schatten dichter Tamariskenzweige auf einer vom Wasser glatt geschliffenen Stein-

Ein Wüstendrachen aus der Ameisenperspektive

platte. Bei solcher Hitze meiden selbst wechselwarme Tiere
wie diese Dornschwanzagame die Sonne. Daß es im Oued
Imerhou auch jede Menge beinloser Reptilien, sprich Schlangen gibt, zeigen die zahlreichen Vipernspuren.

Im Wissen und Vertrauen darauf, daß diese Tiere mehr Angst
vor uns als wir vor ihnen haben, waren wir gestern nacht bei
Dunkelheit durch den malerischen Palmenhain der Quellen
am Beginn des Oued Imerhou gewandert, bekleidet im we-
sentlichen nur mit dem Staub auf unserer Haut. Im Schein
der Taschenlampen hatten wir ein mehrere Meter durchmes-
sendes Felsbecken gefunden, unergründlich tief, gefüllt mit
sprudelndem, gut vierzig Grad warmem, dunkelrotem Wasser. Beim Bad waren bald alle Strapazen des gestrigen Tags

vergessen gewesen. Der weltraumklare, von Palmwipfelsilhouetten eingerahmte Sternhimmel über uns, der sanfte Hauch des nächtlichen Wüstenwindes und das entspannende Prickeln des wie Weihrauch riechenden Mineralwassers – eine Mischung aus Trip und Traum.

Erst um halb vier Uhr brechen wir wieder auf, als der Zeiger des in der Sonne liegenden Thermometers endlich unter den 45-Grad-Strich fällt. In der Sonne deshalb, weil wir ja auch in der Sonne fahren müssen. Schatten bis auf den Grund der Schlucht gibt es frühestens in zwei Stunden. Wir haben uns alle gut erholt, selbst Hans und Robert lassen sich nur durch Mikes bzw. Wolfgangs Protest daran hindern, ihre Enduros wieder selbst durch den Tiefsand zu pflügen.

Fast die doppelte Distanz unserer Höllenfahrt vom Vormittag schaffen wir in der relativen Kühle des späten Nachmittags, ganze fünfzig Kilometer. Die Strecke erscheint allen nun besser befahrbar. Objektiv gesehen ist sie das sicher nicht, aber zu den angenehmeren Temperaturen kommt inzwischen ja auch die Übung.

Die steilen Wände im nördlichen Teil der Schlucht präsentieren sich im warmen Licht-und-Schatten-Spiel der Abendsonne als märchenhaft-wildromantische Fantasy-Landschaft. Auch die Tiere des Oued scheinen diese Tageszeit vorzuziehen. Zahlreiche »Moula-Moula«, zu deutsch Weißbürzelsteinschmätzer, zwitschern in den Akazien, zwei große schwarzweiße Greifvögel ziehen majestätisch ihre Kreise über dem Tal. Ein Schakal trottet seelenruhig über die Piste, beobachtet mich aus Steinwurfweite, trabt erst davon, als ich die Kamera schußbereit habe.

Wesentlich näher kommt mir kurz darauf ein stattliches Exemplar der Gattung *Camelus dromedarius*. Mitten in einem dicht zugewachsenen Hohlweg trampelt es unmittelbar vor mir aus dem Unterholz. Instinktiv ducke ich mich, versuche, zur Hälfte bereits im Gestrüpp fahrend, dem Riesenvieh auszuweichen. So ganz klappt das jedoch nicht bei flotter

Nächtliches Bad in der heißen Quelle von Imerhou

Tiefsandfahrt und weniger als zwei Meter Pistenbreite. Ein gewaltiger Rempler reißt mich fast vom Motorrad – zum Glück nur eine Schulter-Schulter-Kollision. Hätte ich den Kopf nicht eingezogen, wären wir eine Etage höher gegeneinandergeprallt, wobei ich wohl den kürzeren gezogen hätte. Das Kamel ist jedenfalls wohlauf, verzichtet glücklicherweise darauf, Wolfgang vom Motorrad zu boxen, und hoppelt wieder ins Gestrüpp.

Ein gewaltiger Mäander des Oued Imerhou, eine 180-Grad-Kehre, bietet uns einen wunderschönen, vor allem auch überflutungssicheren Schlafplatz. An der kurveninneren Seite der gut hundert Meter breiten Schlucht lassen wir uns auf einer fußballfeldgroßen Sandbank nieder. Zwischen dem höchsten Punkt des Schwemmsandbuckels und den tiefsten Abflußrinnen des Oued liegen beruhigend viele Höhenmeter. Der Meinung ist auch Brahim, lobt mich überschwenglich für die Auswahl dieses Platzes. Scheinbar ist die Gefahr einer Sturzflut doch nicht so gering, wie er sie gestern auf meine Frage hin darstellte. Jedenfalls habe ich im April in der Sahara schon einige Regengüsse erlebt.

Während wir unsere Cross-Klamotten gegen kurze Hosen eintauschen und M'Barek Feuerholz sammelt, verfärbt sich die tiefstehende Sonne von Leuchtorange zu Feuerrot, schwebt wie ein landendes UFO direkt über dem Einschnitt zwischen den Felswänden am Ende unseres Blickfeldes. Der lange, gerade Talabschnitt, der sich dem Mäander anschließt, verläuft also haargenau nach Westen. Kurz bevor die dahinterliegende Felswand den nun riesigen Sonnenball verdeckt, scheint die gesamte Schlucht zu brennen, wird zum Längsschnitt durch einen Vulkan.

Ein lauwarmer Wind weht durch das Tal. Das grandiose Naturschauspiel, das Panorama dieser ebenso einzigartigen wie unzugänglichen Landschaft erfüllt uns trotz aller Schwierigkeiten mit einem Gefühl von Ausgefülltheit und Zufriedenheit. Jeder Bergsteiger kennt es: Die Schönheit der Natur bietet einen unvergleichlich größeren Genuß, wenn man sie sich erkämpft hat.

Auch M'Barek und Brahim scheinen ähnliches zu fühlen. Zumindest ist die Stimmung zwischen ihnen ausnahmsweise mal bestens. Während die meisten noch ihren Schlafplatz einrichten, Isomatten und Schlafsäcke an den Ort ihrer Wahl tragen oder mit Luftfilterreinigen beschäftigt sind, hocken die beiden palavernd und lachend am Feuer.

Zum Abendessen gibt es heute »Taguella«, eine lecker schmeckende Tuareg-Spezialität: im offenen Feuer gebackenes Fladenbrot, eingebrockt in eine würzige Fleisch-Gemüse-Sauce. Noch ist das in Djanet eingekaufte Kamelfilet – in Algerien eine ebenso rare wie teure Delikatesse – dank Isolierverpackung gut, und M'Barek ist, wie gesagt, bester Laune. Wir müssen ihn also nicht lange bitten, das recht arbeitsintensive Gericht zuzubereiten. Der Sand unseres Lagerplatzes eignet sich gut dafür, ist grobkörnig und schwer. Trockenes Akazienholz zur Herstellung einer großen Menge Glut liegt tonnenweise herum. Braucht's nur noch Geduld, denn gut zwanzig Minuten muß der schwere Maismehlfladen auf jeder Seite unter der Glut im heißen Sand backen. Heute abend wird es das letzte Mal sein, daß wir dieses ebenso gutschmeckende wie stilvolle Saharaessen genießen, denn nur noch ein bis zwei Tage trennen uns von Hassi bel Gebbour, dem Punkt, wo M'Barek nach Süden, wir Richtung Norden zum Mittelmeer abdrehen werden.

Beim Ausgraben des Fladens wieder die große Überraschung: So gut wie kein Sand hängt an der knusprigbraunen Kruste. Die letzten Körnchen werden mit einem Löffel abgekratzt. Nach kurzem Abwaschen wird der kiloschwere, bald zehn Zentimeter dicke Brotlaib erst in mehrere große Stücke zerteilt, danach in mundgerechte kleine Brocken. Für diese Arbeit sind sensible Nerven in den Fingerspitzen äußerst hinderlich, denn die Hitze im Inneren des Taguella ist enorm. Der Eintopf aus Zucchini, Auberginen, Zwiebeln, Rüben, Kartoffeln und Fleisch, pikant gewürzt mit algerischer Harissa und Salz, ist zu diesem Zeitpunkt auch langsam fertiggeköchelt.

Die Müdigkeit kommt nach dem guten Essen prompt, kein Wunder nach einem Tag wie diesem. Nur Wolfgang, Martin und ich sitzen um zehn Uhr abends noch am Feuer, erzählen uns gegenseitig von früheren Saharatrips, sind uns einig, daß das Oued Imerhou wirklich etwas Besonderes ist.

Es ist noch immer sehr warm. Nur mit kurzen Hosen bekleidet, hocken wir auf Kisten und Kanistern neben dem fast erloschenen Feuer. Laut schwirrend fliegen dicke Falter durch die laue Nacht, große schwarze Käfer krabbeln auf dem Sandboden herum. Was dann aber gemächlich zwischen Wolfgangs Füßen – er sitzt auf einem Kanister – in Richtung Feuer krabbelt, ist doch des Guten zuviel.

»Sapperlot! So ein Riesenvieh!« sagt Wolfgang und zieht die Beine hoch. Ein handtellergroßer Skorpion läuft unter ihm vorbei.

»Was machen wir denn jetzt?« fragt Martin. »Eigentlich ist er viel zu schön, um ihn zu erschlagen.«

Wenn er allerdings jemandem in den Schlafsack kriecht, ist das weniger schön – kaum jemand aus unserer Gruppe schläft bei der Temperatur im Zelt!

M'Barek liegt dem Skorpion am nächsten, nur zwei Meter vom Lagerfeuer entfernt. Sein Schnarchen scheint das Tier sehr zu interessieren, denn es läuft zielstrebig auf M'Bareks nackten, im Sand liegenden Arm zu.

»Wir könnten ihn fangen und bis morgen früh in eine Schachtel sperren«, stelle ich zur Diskussion.

Viel Zeit zum Überlegen haben wir jedenfalls nicht mehr. Das Tier ist nur noch einen halben Meter von M'Barek entfernt. In dem Moment bewegt dieser seinen Arm. Ruckartig schnellt der Schwanz des hellbraunen Skorpions in Angriffsstellung in die Höhe. Eine Küchenschüssel hochreißen und damit zuschlagen ist eines. M'Barek grunzt und dreht sich auf die andere Seite.

»Schade, aber besser der Skorpion als M'Barek!«

Schon Minuten später wird der Kadaver Bestandteil der Nahrungskette. Ameisen beginnen in stückchenweise abzutransportieren. Wir legen uns schlafen.

Die Wüste verändert ...

... die menschliche Perspektive

Reisetips

(Stand: 1990)

Anreise

Zwischen Europa und Nordafrika verkehren eine ganze Reihe von Fährschiffslinien. Die Preise unterliegen jährlichen Erhöhungen. Die genannten Beträge beziehen sich auf die im Fährhafen zu zahlenden Beträge und zwar in der billigsten Klasse. Wer in der Kabinenklasse reisen will, sollte etwa einen Monat vorher, bei Reisen während der Hauptsaison November bis April bis zu drei Monaten vorher buchen. Je nach Komfort kosten die Kabinen zwischen 100 % und 300 % Aufpreis.

Fähren nach Algerien

Route Marseille – Algier (Oran, Annaba, Skikda)
Linie: SNCM
Abfahrten: täglich
Fahrzeit: 20–25 Stunden
Fahrpreis: pro Person einfach: ca. 250,– DM
            pro Person retour: ca. 450,– DM
            Studentenermäßigung: keine
            Motorrad einfach: ca. 170,– DM
            Motorrad retour: ca. 300,– DM

Fähren nach Marokko

Route Sète – Tanger:
Linie: Comanav
Abfahrten: 2 × wöchentlich
Fahrzeit: 38 Stunden
Fahrpreis: pro Person einfach: ca. 350,– DM
            pro Person retour: ca. 650,– DM
            Studentenermäßigung: bis 26 Jahre 10 %

Motorrad einfach:	ca. 180,– DM
Motorrad retour:	ca. 300,– DM

Fähren nach Tunesien

Route Genua – Tunis:

Linie:	CTN
Abfahrten:	1–2 × wöchentlich
Fahrzeit:	24 Stunden
Fahrpreis:	pro Person einfach:	ca. 250,– DM

Fahrpreis:	pro Person einfach:	ca. 250,– DM
	pro Person retour:	ca. 400,– DM
	Studentenermäßigung:	bis 21 Jahre 10 %
	Motorrad einfach:	ca. 150,– DM
	Motorrad retour:	ca. 300,– DM

Route Marseille – Tunis

Linie:	SNCM oder CTN
Abfahrten:	2 × wöchentlich
Fahrzeit:	24 Stunden

Fahrpreis:	pro Person einfach:	ca. 280,– DM
	pro Person retour:	ca. 500,– DM
	Studentenermäßigung:	keine
	Motorrad einfach:	ca. 150,– DM
	Motorrad retour:	ca. 280,– DM

Einreisebestimmungen

Visum

Erforderlich für Deutsche und Österreicher, nicht für Schweizer. Antragsformulare sind gegen Beilage eines frankierten und adressierten Rückumschlags anzufordern bei:

Algerische Botschaft der BRD
Rheinallee 32
5300 Bonn 2
(Tel. 02 28/8 20 70)

Algerische Botschaft in Österreich:
Rudolfinergasse 18
1190 Wien
(Tel. 02 22/36 88 53)

Die Visaanträge sollte man erst rund drei Wochen vor Reisebeginn abschicken. Früher eingereichte Anträge bleiben in der Regel bis zu dieser Frist unbearbeitet. Es ist ratsam, sich peinlichst an die Hinweise des mit den Antragsformularen geschickten Beiblattes zu halten. Jede Unregelmäßigkeit, z. B. bei Zahlungsmodalitäten (30,– DM), nicht ausreichende Frankierung oder das Fehlen des Rückumschlags haben das Zurückschicken der unbearbeiteten Anträge zur Folge.

Man sollte vorsichtshalber immer einen längeren Aufenthaltszeitraum und mehr Einreisen beantragen, als eigentlich geplant sind. Visumverlängerung ist im Land nur auf den *Wilayas* (Regionalverwaltungen) möglich. Einige Tage Wartezeit. Bei algerischen Botschaften in anderen Ländern als dem Heimatland werden in der Regel keine Visa ausgestellt. Sind im Paß bereits Visa von Israel oder Südafrika enthalten, wird kein Algerien-Visum erteilt. Der Reisepaß muß noch sechs Monate Gültigkeit besitzen. Die Fotos für die Antragsformulare dürfen nicht stark vom Paßfoto abweichen.

Kraftfahrzeugversicherung

Deutsche, Österreicher und Schweizer müssen an der Grenze oder bei der nächsten Versicherungsniederlassung eine Haftpflichtversicherung abschließen. Die Internationale Grüne Versicherungskarte wird nicht anerkannt. Eine dreißig Tage gültige Versicherung für ein Motorrad kostet 1990 inklusive Steuer und Stempelgebühr 95 algerische Dinar. 45 Tage kosten 115, 60 Tage 145 Dinar.

Einfuhrbestimmungen für Kraftfahrzeuge

PKW und Motorräder können bis zu 90 Tagen zoll- und steuerfrei nach Algerien eingeführt werden. Bei Benutzung eines Fahrzeugs, das einem nicht selbst gehört, ist die Vorlage einer »Internationalen Vollmacht« erforderlich. Sie ist bei den Kfz-Zulassungsstellen und Automobilclubs erhältlich.

Internationaler Führerschein

Erforderlich für Deutsche. Österreicher benötigen die rosa Fassung ihres Führerscheins, Schweizer lediglich den nationalen Führerschein.

Zollbestimmungen

Zollfrei, aber deklarationspflichtig, dürfen eingeführt werden:
– 2 Fotoapparate mit je 10 Filmen
– 1 Filmkamera mit 10 Filmen
– 1 Tonbandgerät mit zwei Bändern
– 1 Radiogerät
– 1 Fernglas
Ebenfalls zollfrei sind:
– 200 Zigaretten oder 50 Zigarren oder 250 g Tabak
– 2 l Wein oder 1 l Spirituosen.

Devisenbestimmungen

Jeder Tourist muß pro Einreise einen Zwangsumtausch von 1000,– Algerischen Dinar leisten (Frühjahr 1990 rund 230,– DM). Im Ausland und auf dem Schwarzmarkt werden Algerische Dinar zu weniger als einem Drittel dieses Kurses gehandelt. Die Einfuhr von mehr als 30 Dinar ist verboten. Sonstiges Geld muß in ein Deklarationsformular eingetragen werden, das sowohl unterwegs (bei überraschenden Kontrollen an Ortsein- und -ausfahrten) als auch bei der Ausreise vorgewiesen werden muß: Eingeführte Devisen minus Pflichtumtausch (und andere Wechselbestätigungen von Banken oder

autorisierten Hotels) müssen die vorhandene Restsumme er-
geben. Das Schmuggeln von »Schwarzgeld« steht ebenso unter Strafe wie das Wechseln auf dem Schwarzmarkt.

Schiffs- und Flugtickets ins Ausland müssen von offiziell
(zusätzlich zum Zwangsumtausch) gewechselten Dinar bezahlt werden. Organisierte Touren auf das Tassili N'Ajjer
müssen von offiziell getauschtem Geld unter Vorlage der De-
visen-Deklaration bezahlt werden.

Reiseversicherungen

Sehr empfehlenswert ist der Erwerb eines in Algerien gülti-
gen *Auslandschutzbriefes*. Geradezu spezialisiert ist der
ADAC auf den Rücktransport defekter Motorräder. Auch der
Krankenheimtransport ist durch den Schutzbrief abgedeckt.

Reisegepäckversicherungen sind für Motorradfahrer nur
dann sinnvoll, wenn das sog. »Campingrisiko« mit abgedeckt
ist. In der Sahara ist das Diebstahlrisiko äußerst gering.

Eine *Reisekrankenversicherung* deckt während der Reise
auftretende Arzt-, Medikamenten- oder Krankenhauskosten
ab.

Klima

Temperaturen

Die angenehmsten Monate für Motorradreisen in der algerischen Sahara sind Oktober und November sowie Februar,
März und April. Die höchsten Tagestemperaturen liegen
dann zwischen 25 und 35 Grad Celsius im Schatten. Anfang
bis Mitte Oktober und Mitte bis Ende April können auch Ma-
xima von knapp 40 Grad auftreten. Jedoch sind bei der sehr
geringen Feuchtigkeit und Verschmutzung der Saharaluft 40
Grad angenehmer zu ertragen als 30 Grad in einer mitteleuropäischen Großstadt.

Die tiefsten Nachttemperaturen liegen in den genannten
Monaten zwischen 15 und 5 Grad Celsius. Mitte bis Ende No-

vember und Anfang bis Mitte Februar kann es vor allem in Gebirgslagen auch noch bis an die Null-Grad-Grenze heruntergehen. In den Monaten Dezember und Januar ist es auch tagsüber eher kühl mit höchstens 20 Grad. Nachts können die Temperaturen deutlich unter den Gefrierpunkt fallen, in Hochlagen habe ich schon mehrfach Tiefsttemperaturen von bis unter zehn Grad minus gemessen. Die Tage sind in diesen beiden Monaten sehr kurz: Rund 14 Nachtstunden stehen 10 Tagstunden gegenüber.

Von Ende Mai bis Mitte September ist von *Offroad*-Motorradreisen durch die Sahara abzuraten. Ohnehin sind zu dieser Zeit für den Motorradfahrer nur regelmäßig befahrene und in kurzen Abständen mit Wasser versorgte Hauptpisten ohne unverantwortliches Risiko machbar. Die Tagestemperaturen bewegen sich im Sommer bis um die 50 Grad im Schatten. Auch nachts kühlt es wegen der starken Aufheizung des Bodens kaum mehr unter 30 Grad ab.

Sandstürme und Niederschläge

Die größte Gefahr von Sandstürmen besteht vom späten Frühjahr bis einschließlich Sommer. Aber auch zu anderen Jahreszeiten kommen nicht selten Sandwinde vor, die für Motorradreisende sehr unangenehm sein können. Am sichersten ist man vor Sandstürmen im Spätherbst und Winter. Daher ist dies auch für fotografisch ambitionierte Reisende wegen der klaren Sichtverhältnisse die interessanteste Reisezeit.

Regenfälle kommen in der algerischen Sahara häufiger vor, als dies das Klischee von der trockenen Wüste erwarten läßt. Normalerweise regnet es nur in den Sommermonaten. Vor allem in gebirgigen Regionen sind mehr oder weniger heftige Schauer nicht selten. Doch auch die Sahara bleibt von der allgemeinen Klimaverschiebung des Erdballs nicht verschont: Im Winter und Frühjahr 1988 ereigneten sich in Zentral- und Südalgerien die schlimmsten Regenfälle seit über 60 Jahren. Es bildeten sich Seen und reißende Flüsse, die zahlreichen

Menschen das Leben kosteten. Selbst Hauptrouten waren tagelang unpassierbar.

REISETIPS

Übernachtung

Hotels

Folgende Oasenstädte im Bereich der algerischen Sahara besitzen Hotels: Laghouet, Bou Saada, El Qued, Touggourt, Quargla, Ghardaia, El Golea, Timimoun, Adrar, In Salah, Tamanrasset, Djanet. Das Spektrum reicht von auch nach europäischen Maßstäben gehobenen Hotels, wie z. B. *Les Rostemides* in Ghardaia oder *Tahat* in Tamanrasset, bis zum *Zeribas* in Djanet, einem Schilfhüttenhotel.

Campingplätze

Offizielle Campingplätze gibt es in El Qued, Touggourt, Ghardaia, El Golea, Timimoun, Reggane, In Salah, Tamanrasset und Djanet. Die Plätze von El Golea (nördliche Stadteinfahrt, Nähe Tankstelle), von In Salah (Besitzer Hadjii Abderrahmane, dem auch das berühmte Restaurant *Carrefour* gehört), von Tamanrasset *(Hotel Dassine)* und von Djanet *(Hotel Zeribas)* halte ich grundsätzlich für empfehlenswert. Sie sind relativ schön angelegt, gepflegt und sicher. Lediglich in Tam sollte man nicht direkt an der Ummauerung des Platzes zelten: Kinder »angeln« von oben nach Gepäck.

Wer natürlich mit europäischen Ansprüchen in die Wüste fährt, der wird auch auf den genannten Plätzen aus dem Schimpfen nicht herauskommen, sei es wegen der chronischen Wasserknappheit oder der hygienischen Verhältnisse.

»Wildes« Camping

Am schönsten ist es natürlich, irgendwo in der »Pampa« zu kampieren. Man wählt seinen Schlafplatz nach ästhetischen Gesichtspunkten aus: herrlich geschwungene Dünen, maleri-

181

sche Felsgruppen, romantische Täler. Auch Schutz vor dem in der Sahara fast immer und überall wehenden Wind ist ein weiteres Kriterium. An folgendes sollte man denken:

- Nicht auf Pisten übernachten: einheimische Nachtfahrer! Wenn die Breite des von Spuren durchpflügten Bereichs zig Kilometer beträgt (z. B. zwischen Amguid und Bordj Omar Driss), kann man die Piste nicht ohne weiteres verlassen. Es ist ratsam, im Bereich größerer Bäume, Felsen oder anderer Punkte zu zelten, deren Silhouette von einem nachts fahrenden Trucker schnell erkannt werden kann.
- In Wadis nur an erhöhten Punkten kampieren. Diese nur periodisch wasserführenden Flußtäler werden gelegentlich von richtigen Flutwellen durchflossen, die irgendwo in der Ferne durch einen heftigen Regenguß und das Zusammenfließen vieler kleiner Zuflüsse entstehen.
- Nicht zu dicht an Wasserstellen und Brunnen lagern: Nachts trifft sich hier großes wie kleines Getier.
- Nicht in unmittelbarer Nähe von Tierbauten übernachten.
- Lagerfeuer: Den Abstand zwischen Fahrzeugen und Lagerplatz so groß wählen, daß auch bei starkem und sich drehendem Wind keinerlei Gefahr durch Funkenflug besteht. Das Feuer vor Abfahrt und auch vor dem Zubettgehen mit Sand löschen.
- Abfälle: Man sollte versuchen, einen Lagerplatz vor der Weiterfahrt in einen Zustand zu versetzen, als sei man nie dagewesen: Also, brennbaren Abfall ins Feuer, unbrennbaren so tief vergraben, daß weder Sturm noch Wüstenfüchse oder Schakale den ganzen Müll wieder an die Oberfläche befördern können!

Medizinische Vorsorge für Sahara-Reisen

Grundsätzlich ist es empfehlenswert, sich vor einer Sahara-Reise bei einem tropenmedizinischen Institut nach dem gegenwärtigen Stand der Impfbestimmungen zu erkundigen.

Impfungen und Prophylaxe

Pocken: Diese Krankheit gilt als ausgerottet. Deshalb besteht heute weltweit kein Impfzwang mehr.

Gelbfieber: Die Infektionsgebiete liegen in Schwarzafrika und der Sahelzone. Eine Impfbescheinigung wird bei Einreise nach Algerien verlangt, wenn die Einreise aus einem dieser Länder erfolgt. Die Impfung schützt für zehn Jahre.

Cholera: Die Schutzimpfung gilt sechs Monate und bietet begrenzten Schutz vor Ansteckung. Impfbescheinigung ist für Algerien nur bei Einreise aus Infektionsgebieten erforderlich.

Tetanus (Wundstarrkrampf): Für Motorradfahrer ein Muß: Eine einmal durchgeführte Grundimmunisierung (drei Spritzen) bietet sicheren Schutz für fünf bis zehn Jahre. Vor einer Reise sollte eine Auffrischimpfung durchgeführt werden, wenn die letzte Impfung länger als fünf Jahre zurückliegt. Dadurch verlängert sich der Schutz um weitere 5 bis 10 Jahre.

Poliomyelitis (Kinderlähmung): Auch Erwachsene können an ihr erkranken (dann meist schlimmere Verläufe als bei Kindern). Das Ansteckungsrisiko in Ländern der dritten Welt ist hoch. Nach der Grundimmunisierung rund zehn Jahre Schutz.

Typhus: Die Typhus-Schluckimpfung bietet Schutz für zwei bis drei Jahre. Die Impfung sollte eine Woche vor Reiseantritt abgeschlossen sein.

Hepatitis A (Gelbsucht): Medikamentöse Prophylaxe durch die menschlichen Abwehrstoffe »Gammaglobulin«. Man sollte diese etwa drei Tage vor der Abreise vornehmen lassen. Danach besteht für vier bis sechs Wochen relativer Schutz vor einer Erkrankung an der häufigsten Form der infektiösen Gelbsucht. Gerade in der Anfangsphase einer Reise ist man durch die verschiedenartigen Umstellungen besonders gefährdet. Verbesserter Schutz auch gegen andere Infektionen.

Malaria: Die Bewässerungsflächen der Sahara-Oasen gelten als Lebensräume von mit Malaria-Erregern infizierten Anopheles-Mücken. Auch Brunnen, Wasserstellen und andere Punkte mit dem für Mücken lebensnotwendigen Feuchtbiotop gehören dazu. Eine nennenswerte Gefahr, von Mücken gestochen zu werden, besteht in der Sahara jedoch nur in der Dämmerung, und das auch nur in den wärmeren Monaten, also von Mitte März bis Mitte November. Nachts ist man vor Mücken von Anfang November bis Ende März weitgehend sicher: Es ist zu kalt. Über die Frage »Malaria-Prophylaxe: ja oder nein?« gehen selbst unter Medizinern die Meinungen auseinander: Fest steht, daß die bisher üblichen Malaria-Prophylaxen wegen der wachsenden Resistenz der Erregerstämme entweder relativ wirkungslos sind (Resochin) oder so gesundheitsschädlich, daß zu einer Einnahme nicht geraten werden kann (Fansidar). Angeblich wirksamer und weniger schädlich ist das neue Mittel Lariam, bzw. Mephaquin. Der beste Schutz gegen eine Erkrankung an der gefährlichen Malaria ist, sich nicht stechen zu lassen: Insektenmittel, stichfeste Kleidung, Zelt oder Moskitonetz verwenden!

Reiseapotheke

Bei der folgenden Zusammenstellung handelt es sich um eine persönliche Empfehlung. Den eigenen »Schwachpunkten« entsprechend, sollte man von bestimmten Medikamenten einen größeren Vorrat mitnehmen. Die folgenden Mengenangaben gelten für eine Person.

Medikamente

Aspirin: 30 Tabletten
Anwendung: Fieber, (Kopf-)Schmerzen, Grippe, Entzündung.

Antibiotika:
   Baktrim oder *Eusaprim:* 20 Tabletten
   Anwendung: schwere Erkrankungen im Bereich Niere,

Blase, Lunge, Bronchien, Hals, Ohren, Nasennebenhöhlen, Darm. Auch bei Gonorrhoe (Tripper).

Neomycin-Augensalbe: 1 Tube
Anwendung: eitrige Bindehautentzündung, »Gerstenkorn«, Augenverletzungen.

Panotile: 1 Fläschchen
Anwendung: Entzündung des äußeren Gehörganges.

Amuno oder *Voltaren:* 15–30 Tabletten
Anwendung: starke Schmerzen, Schwellungen, Entzündungen im Bereich der Gelenke, Knochen, Muskeln (z. B. Kreuzschmerzen). Zurückhaltende Dosierung, da Magen-Darm-Beschwerden auftreten können!

Bepanthen-Augensalbe: 1 Tube
Anwendung: einfache, nicht eitrige Entzündung im Bereich der Nasenschleimhaut und Augenbindehaut.

Betaisodona-Salbe: 1 Tube
Anwendung: Wund-Desinfektion. Gute Wirksamkeit auf offenen Wunden, ersetzt das früher gebräuchliche Jod.

Spasmo-Cibalgin: 10 Tabletten
Anwendung: krampfartige Schmerzen (Koliken) im Bauch. Magen-, Darm-, Nieren-, Blasen-, Menstruationsbeschwerden.

Glaubersalz (Natriumsulfat): 100 g
Anwendung: bei hartnäckiger, mehrere Tage anhaltender Verstopfung, die sich nicht durch einfache Maßnahmen (Bewegung, Müsli, Leinsamen, Kaffee) löst. Vorsichtig dosieren, mit viel Wasser einnehmen, anschließend nicht Motorrad fahren!

Elotrans: 100 Beutel
Anwendung: Regenerierendes elektrolytisches Getränk nach starkem Wasserverlust.

Immodium: 20 Kapseln
Anwendung: Durchfall. Verschafft vorübergehend »Ruhe« durch Stillegung der Darmbewegung. Keine Dauertherapie. Nicht mehr als sechs Kapseln pro Tag einnehmen!

Kohlekompretten: 100 Kompretten
Anwendung: Einnahme während der ersten zwei Durchfalltage. Bei ständig dünnem Stuhl ein bis zwei Kompretten nach jeder Mahlzeit einnehmen. Bindet Giftstoffe im Darm, wirkt stopfend.

Maaloxan oder *Solugastril:* 15 bis 20 Beutel
Anwendung: Sodbrennen, Magenschleimhautentzündung

Mobilat (oder eine andere Sportsalbe):
Anwendung: Prellung, Zerrung, Verstauchung.

Paracetamol (z. B. Ben-u-ron) 500 mg: 10 Tabletten
Anwendung: hohes Fieber, Schmerzen. Nicht mehr als sechs Tabletten pro Tag einnehmen!

Otriven/Nasivin: 1 Fläschchen
Anwendung: Abschwellung der Nasenschleimhaut bei Schnupfen. Nicht länger als zehn Tage!

Paspertin: 10 Tabletten
Anwendung: Starke Übelkeit mit Erbrechen.

Pragman-Gelee (oder eine der vielen anderen kühlenden Salben): gegen Juckreiz und Insektenstiche.

Rodavan: 5 Tabletten
Anwendung: Vorbeugung der Übelkeit bei Schiffs- und Flugreisen.

Wasserstoffperoxid (dreiprozentig): 1 Fläschchen
Anwendung: Reinigung verschmutzter Wunden.

Yxin-Augentropfen: 1 Fläschchen
Anwendung: Augenreizung

Verbandszeug:
Pflaster; Hansaplast; Mullbinden; elastische Binden; Dreiecktuch; Verbandwatte; Pinzette; Schere; sterile Kompressen.

Hautschutz
Feuchtigkeits-Creme; Fettsalbe; Sonnencreme; Insektenmittel

Wichtig: 1 Tube *Cavil* zum Ersatz von herausgefallenen Zahnfüllungen.

Ratgeber für Wüstenreisen per Motorrad

Wüstenreisen per Motorrad haben eine ganz eigene, einem Nichtmotorradfahrer schwer verständlich zu machende Faszination. Vielleicht ist es die so hautnah erlebte Konfrontation und gleichzeitige Harmonie mit den Gewalten und Schönheiten der Natur. Vielleicht sind es die unvergeßlichen Kontakte zu den in der Sahara lebenden Menschen. Gerade als Motorradtourist in schwierig zu bereisenden Gebieten ist man immer wieder Objekt überwältigender Gastfreundschaft. Vielleicht ist es auch das sportliche Fahrerlebnis der Dynamik und Geländegängigkeit eines pistentauglichen Motorrads.

Heute hat sich das ziemlich herumgesprochen, und es reisen sicher ein paar tausend Motorradfahrer jedes Jahr durch die Sahara. Noch in den siebziger Jahren war man auf zwei Rädern die große Ausnahme unter den Wüstenfahrern. Mit Planung, Vorbereitung und richtiger Ausrüstung hat man es inzwischen leichter: Spezialfirmen bieten Ausrüstung, Literatur, detaillierte Landkarten und neueste Infos an. Das Angebot an wüstentauglichen Motorrädern ist groß. Zubehör-Großtanks, saharataugliche Gepäckträger und Wüstenbereifung machen den Umbau einer Maschine einfacher. Auch die Sahara hat sich einige Zugeständnisse an ihre potentiellen Bezwinger abringen lassen. Neue Teerstraßen und Tankstellen haben viele Strecken entschärft.

Leider ist die Zahl von Unglücksfällen unter den zweirädrigen Wüstenfahrern trotzdem besonders hoch. Die Campingplätze von Djanet und Tamanrasset gleichen zur Hauptsaison
nicht selten einem Feldlazarett für Motorradfahrer. Unzurei-
chende oder falsche Ausrüstung, zu schwere Beladung und
Selbstüberschätzung sind die Hauptursachen für Stürze. Un-
terschätzung der Orientierungsschwierigkeiten führen immer
wieder zu lebensgefährlichen Irrfahrten. Nicht zuletzt die
Rallye Paris–Dakar hat ein Zerrbild vom Motorradfahren in
der Wüste geschaffen, das viele zu leichtsinniger und riskanter Fahrweise verleitet.

Auch Streckenbeschreibungen können den Motorradfahrer,
insbesondere den Sahara-Neuling, zu einer Fehleinschätzung
der fahrtechnischen Schwierigkeiten führen: Alle bisher exi-
stierenden Routenbeschreibungsbücher sind aus der Sicht des
Autoreisenden geschrieben. Für diesen ist beispielsweise die
Problematik tiefer, sandiger Spurrinnen nur insoweit vorhanden, als das Auto vielleicht auf- oder festsitzt. Für den Motorradfahrer sind diese oft viele Kilometer langen, knietiefen
Sandfallen die Pistenart mit dem höchsten Sturzrisiko überhaupt.

Unter dem Aspekt, daß eine Motorrad-Wüstentour keine
»wüste Tortur« werden soll, nachfolgend einige Tips:

Welches Motorrad?

Wer beabsichtigt, weite Entfernungen über Pisten zu fahren,
sollte dies in keinem Fall mit einer Straßenmaschine tun. Ein
solcher Trip ist in erster Linie eine Schinderei für Fahrer und
Maschine. Will man mit einer solchen Aktion nicht irgend etwas beweisen (was sowieso nicht mehr geht, da selbst »Har-
leys« und »Gold Wings« sich schon durch die Sahara gefräst
haben), ist man mit einer Enduro in jeder Beziehung besser
dran.

Beladung

Gewicht einsparen, wo immer nur möglich und aus Sicherheitsgründen vertretbar (also nicht an Benzin, Wasser, Essen, Medikamenten)! Bei Motorradreisen durch die Wüste können schon 20 kg entscheidend dafür sein, ob aus einer Pistenfahrt ein Horrortrip oder ein sportlich angehauchtes Fahrvergnügen wird.

Besonders viele Gedanken sollte man sich über die Zusammenstellung von Werkzeug und Ersatzteilen machen. Genaue Abstimmung auf die Erfordernisse des jeweiligen Motorrads, Verwendung von qualitativ hochwertigem, leichtem und platzsparendem Werkzeug sowie Abwägung der Wahrscheinlichkeit bestimmter Defekte sind hier die Kriterien, die zu erstaunlichen Gewichtseinsparungen führen.

Dies gilt auch für Gepäckträgerkonstruktionen. Diese werden nicht durch Masse und Klobigkeit stabil, sondern durch – hinsichtlich der Statik – richtigen Aufbau: Zwei gerade Streben zwischen den vorderen Fußrastenhalterungen und der Rahmenheckschleife sind eine optimale Basis zur Befestigung von Koffern, Kanistern usw. Zudem wird die bei manchen Maschinen für extreme Belastung zu labile Rahmenheckschleife gegen den Hauptrahmen abgestützt. 20-l-Blechkanister wiegen leer schon 4,5 kg. Dazu addiert sich die notwendige Halterung. Ein Großtank erspart nicht nur dieses Gewicht, sondern ist auch der Fahrstabilität im Sand sehr zuträglich: Das Vorderrad wird mehr belastet und seine Führungskraft dadurch erhöht.

Im Gegensatz zu Benzinkanistern, die aus Sicherheitsgründen unbedingt aus Metall sein müssen, sollte man Wasser in Plastikbehältern transportieren. Voraussetzung ist die Unterbringung an einer sturzgeschützten Stelle, z. B. dem Soziussitz. Dieser eignet sich unter dem Aspekt günstiger Gewichtsverteilung gut für schwere Ausrüstungsgegenstände. Eine hochwertige Leichtgewichts-Campingausrüstung reduziert die Belastung von Maschine und Fahrer nochmals beträcht-

189

lich. Auch »Kleinigkeiten« nicht übersehen: 100 Gramm hier und 100 Gramm dort summieren sich letztendlich zum Kilogramm.

Bepackung

Zusätzlich nötige Kanister so nah, so tief und so weit vorne wie möglich befestigen, also in der Nähe des Gesamtschwerpunkts. Kein Gepäck an Telegabel, Lenker oder Scheinwerfer, wo es mitgelenkt werden muß! An Gabeltauchrohren befestigtes Material (z. B. Öldosen) erhöhen zusätzlich auch noch die ungefederten Massen! Viel Gewicht auf Gepäckträgern hinter der Sitzbank entlasten das Vorderrad: katastrophales Fahrverhalten im Sand!

Bereifung

Die ideale Pistenbereifung ist möglichst breit, grobstollig und aus harter Gummimischung. Mit Straßenreifen, seien sie noch so breit, ist Motorradfahren auf Pisten und im Gelände nichts weiter als Glückssache.

Schutzbekleidung für Sahara-Reisen per Motorrad

Eine längere Offroad-Motorradreise ohne jeden Ausrutscher ist sehr unwahrscheinlich. Daher macht optimale Schutzbekleidung nirgendwo mehr Sinn als dort, wo man viele hundert, ja Tausende von Kilometern im Gelände fährt – in der Sahara.

Daß man im tiefen Sand meist weich fällt, ist zwar richtig, die Sahara besteht allerdings größtenteils aus hartem und steinigem Untergrund. Hier bleibt kein Sturz ohne Verletzungsfolgen – es sei denn, man ist entsprechend angezogen. Schon viele haben das allerdings erst dann kapiert, als sie nach einem Sturz mit gebrochenen Knochen ihre Reise beenden mußten.

Zwei Dinge sind beim Kauf von Schutzbekleidung zu bedenken: erstens, daß die Temperaturen in der Wüste auch im

Winter so hoch sind wie im mitteleuropäischen Sommer. Zweitens, daß Motorradfahren im Gelände eine intensive körperliche Betätigung ist. Zu dicke und zu wenig atmungsaktive Fahrbekleidung wird daher schnell zu einer Tortur.

Seit einigen Jahren ist dieser Zwiespalt durch das immer größer werdende Angebot an sogenannter Endurobekleidung besser zu lösen als früher, wo man sich entweder in der Lederkombi totschwitzte oder schon bei harmlosen Stürzen für den Komfort luftiger Kleidung mit Verletzungen bezahlen mußte.

Endurokombis sind weit geschnittene, zweiteilige Anzüge aus atmungsaktiven Kunstfaserstoffen – seltener auch aus Leder –, die durch Schalen- oder Hartschaumprotektoren an exponierten Stellen wie Knien, Ellbogen und Schultern gegen Stoß- und Schlagverletzungen schützen.

Eine gute Endurojacke sollte an den Schultern, Ellbogen und Unterarmen großflächige, gepolsterte Schalenprotektoren sowie – besonders wichtig! – einen über die gesamte Rückenlänge reichenden Wirbelsäulenschutz aus zähem und dickem Schaumstoff oder aus Hartplastik besitzen. Leider ist der Rückenprotektor bei den meisten Herstellern dem harten Preiskampf auf dem Sektor Motorradbekleidung zum Opfer gefallen. Daher sollte unbedingt ein zusätzlicher Wirbelsäulenprotektor getragen werden. Denn nur er kann bei einer Rückenlandung oder wenn man vom eigenen Motorrad getroffen wird, vor einem Leben im Rollstuhl bewahren. Sehr praxisgerecht ist das aus mehreren, miteinander verbundenen Hartplastikschuppen bestehende – bei Insidern »Schildkröte« genannte – Modell eines italienischen Herstellers.

Eine gute Endurohose sollte im Bereich der Knie und Schienbeine großflächige Hartplastikprotektoren besitzen, zudem an den Hüften gepolstert sein. Auch letzteres ist leider nur bei ganz wenigen Herstellern befriedigend gelöst. Hier bietet sich an, zusätzliche Hüftknochenpolster, beispielsweise aus einer Camping-Liegematte, zuzuschneiden und in die Hose einzunähen.

Bei sehr hohen Temperaturen – in der Sahara von April mit Oktober – kann allerdings selbst eine weit geschnittene Endurojacke das Fahren schon schweißtreibend machen. Dann ist man am besten mit einer leichten Baumwolljacke oder einem weit geschnittenen, langärmligen Baumwoll-T-Shirt beraten, unter dem man einen der im Moto-Cross-Sport gebräuchlichen Kombiprotektoren trägt. Diese sind im Prinzip nichts anderes als die moderne Version einer mittelalterlichen Ritterrüstung: An einen einteiligen Brust- und Rückenprotektor sind Schulter-, Ellbogen- und Unterarmprotektoren angebracht. Diese Kombi-Protektoren gibt es in allen nur denkbaren Ausführungen. Unbedingt sollte man hier eines der besonders großen und stabilen Modelle wählen. Auch wenn man sich anfangs wie ein Marsmensch vorkommt – man wird sehr bald zu schätzen wissen, wie angenehm es ist, derart gut geschützt und trotzdem relativ leicht bekleidet fahren zu können.

Nicht zu unterschätzen ist auch die Wichtigkeit guter Handschuhe. Für Geländefahrten sollten auch sie an den exponierten Stellen – den Handoberseiten – gepolstert, am besten noch zusätzlich durch Plastik-Armierungen verstärkt sein. Gute Moto-Cross-Handschuhe erfüllen diese Voraussetzungen, sind zudem meist mit Ventilationsöffnungen versehen, also sehr angenehm zu tragen.

Für Sahara-Reisen sollten auch Moto-Cross-, zumindest schwere Endurostiefel selbstverständlich sein. Auch hier gilt: je stabiler, desto besser. Besonders wichtig ist eine möglichst steife Plastikarmierung des Knöchel-/Mittelfußbereichs. Genau da hapert es bei vielen Stiefeln, während am Schienbein meist überdimensional große Platten für Offroad-Optik sorgen. Daß Moto-Cross-Stiefel nicht dazu geeignet sind, stundenlange Fußmärsche zu unternehmen, ist klar. Aber das sollen sie ja ebensowenig wie Skistiefel.

Was den Sturzhelm betrifft, ist heutzutage nicht mehr viel anzumerken. Motorradfahrer, die »oben ohne« fahren, scheinen zum Glück ausgestorben zu sein. Allerdings gibt es noch immer Unverbesserliche, die glauben, daß zum Image des kernigen Bikers ein offener Jethelm gehört. Sie sollten sich einmal vorzustellen versuchen, wie ein menschliches Gesicht nach einem Aufprall auf Fels, Schotter oder Kies aussieht. Jeder Notarzt kann diesen schrecklichen Anblick noch detaillierter beschreiben.

Praxisgerechte, saharataugliche Schutzbekleidung ist nicht billig. Doch was sind schon tausend oder fünfzehnhundert Mark gegen eine schwere Verletzung, gegen einen längeren Krankenhausaufenthalt, gegen eine abgebrochene Reise, gegen die Frustration, zu denen zu gehören, die erst aus Schaden klug werden müssen!

Motorradfahren in der Sahara

Material- und nervenaufreibend ist die häufigste Pistenart in der Sahara: das *Wellblech*. Durch Beschleunigungs- und Bremsmanöver von Autos und hauptsächlich Lkws entsteht diese waschbrettartig strukturierte Pistenoberfläche. Der Abstand von Wellengipfel zu Wellengipfel kann nur zwanzig Zentimeter, auf schnellen Pistenabschnitten auch das Vierbis Fünffache betragen. Die Tiefe der Querrinnen beträgt in der Regel nicht mehr als zehn bis fünfzehn Zentimeter. Auf verkehrsreichen, »ausgelutschten« Strecken kann es das Doppelte sein.

Gibt es keine Möglichkeit auszuweichen, kann man auf geraden und übersichtlichen Pisten folgende Technik mit vertretbarem Risiko anwenden: Man beschleunigt so weit, bis die Räder nur mehr von einem Wellengipfel zum nächsten fliegen. Die Mulden werden so nicht mehr voll ausgefahren. Je nach Wellblech-Amplitude kommt es ab 50 bis 90 km/h zu dem verblüffenden Gegensatz aus optisch rauhester Piste und relativ ruhigem Dahingleiten des Motorrads. Getrübt wird dieses Erlebnis dadurch, daß die Bodenhaftung der Räder vergleichbar ist mit einer Fahrt auf Glatteis. Die Räder haben ja nur noch minimalen Bodenkontakt.

Sandstrecken sind für die meisten Motorradfahrer am Anfang ein größeres Problem. Die Hauptschwierigkeit besteht dabei nicht in ständigem Einsanden und anschließendem Ausgraben, sondern in erhöhter Sturzanfälligkeit.

Da es völlig verschiedenartige Sandpisten gibt, sind auch jeweils unterschiedliche Fahrtechniken angebracht. Eines haben sie jedoch alle gemeinsam, man muß erst einmal in Fahrt kommen.

Benutzt man ein grundsätzlich geeignetes Motorrad, dessen Antriebsquelle über Leistung und Drehmoment auch bei niedrigen Drehzahlen verfügt, ist mit breiter und grobstolliger Bereifung auch in weichem Sand Anfahren ohne langes Kupplungsschleifen möglich: Man kuppelt mit der niedrigsten Drehzahl, bei der der Motor nicht mehr abgewürgt wird, möglichst schnell ein und steuert den Schlupf des Hinterrades gefühlvoll mit dem Gasgriff. Dabei darf man nicht zuviel Gas geben, sonst dreht das Hinterrad zu stark durch und gräbt sich ein. Sobald wie möglich schaltet man in den zweiten Gang. Jetzt kann man Gas geben, die Gefahr des Eingrabens ist weitgehend gebannt. Wiederum schaltet man möglichst schnell in den dritten Gang und hat es nun auch im weichsten Sandfeld mit Sicherheit geschafft.

Eine Möglichkeit, das Fahrverhalten des Motorrades für extreme Sandstrecken zu verbessern, besteht darin, die Aufstandsfläche der Bereifung durch Luftdruckreduzierung zu vergrößern. In Dünengebieten ist dies (bei beiden Reifen!) unumgänglich. Ein Minimum von 0,5 bar, bei Motorrädern ohne Reifenhalter 1,0 bar, sollte man nicht unterschreiten, da sich sonst eventuell der Reifen auf der Felge dreht und das Ventil abreißt. Bei Erreichen harten Untergrunds muß die Bereifung unbedingt wieder auf den für Durchschnittspisten idealen Luftdruck von 1,5 bar vorn und 1,8 bar hinten aufgepumpt werden. Schon ein kurzes Stück auf »Wellblech« oder ein Stein können bei stark abgesenktem Luftdruck Reifen oder Felge beschädigen. Bei schneller Fahrt, auch im Sand, heizt sich die Bereifung durch »Walken« stark auf.

In den riesigen Sandebenen der Sahara verzweigen sich die Spuren oft auf Kilometerbreite, werden Pisten im wahrsten Sinn des Wortes. Hier sucht sich jeder seinen eigenen Weg, meist immer weiter von der Pistenmitte entfernt. Auf dem Hauptspurenstrang, oft sind es auch mehrere, verleidet in der Regel übles »Wellblech« das Fahren. Diese grundsätzlich eher leicht befahrbaren und noch nicht total aufgefurchten Pistenränder haben jedoch ihre Tücken: Bodenlose Weichsandfelder können urplötzlich wie eine Riesenfaust zupacken, die Räder regelrecht aufsaugen und die Geschwindigkeit mit der Kraft einer Vollbremsung vermindern. Hier hilft nur Vollgas und/oder Herunterschalten. Regelrechtes Durchstarten ist gefragt, will man sich nicht mit dem Anfahren in solchen, oft kilometerlangen Sandfallen herumquälen.

Auch alte Spuren können zu ungeahnten Schwierigkeiten führen. Oft sind sie, da vom Wind wieder mit Sand aufgefüllt, kaum noch zu erkennen. Es sieht eigentlich alles ganz eben aus, nur eine leichte Marmorierung zieht sich durch den Sand. Quert man diese Spuren, versetzt das Motorrad, je nach Querungswinkel, mehr oder weniger stark. Der Sand darin ist viel weicher und tiefer als der der Umgebung. Im Extremfall kann sich die Maschine dadurch regelrecht aufschaukeln.

Noch eine Spur nervenaufreibender sind Pisten, auf denen man wegen des umgebenden Geländes gezwungen ist, innerhalb tiefer Spurrinnen zu fahren. Das Hauptproblem besteht in dem ständigen Kampf mit dem aus der Rinne laufenden Vorderrad. Ist es soweit – Vorder- und Hinterrad fräsen sich in zwei unterschiedlichen Spurrinnen vorwärts –, fehlt meist nicht mehr viel zum Sturz, vor allem, wenn man zu langsam fährt. Ab etwa fünfzig Stundenkilometer macht die stabilisierende Wirkung der Radkreiselkräfte auch größere »Versetzer« harmlos. Um zu verhindern, daß das Vorderrad ständig die Seitenwände der Spurrinnen hochläuft, kann man einen sehr wirkungsvollen Trick anwenden, den man allerdings erst ein wenig üben muß: Man führt schnell hintereinander mehrere leichte Lenkbewegungen in beide Richtungen aus. Oder, anders beschrieben, man schlägt den Lenker zwei- bis dreimal pro Sekunde wenige Zentimeter nach rechts und links ein, ähnlich einer Rüttelbewegung. Dies hat eine Zentrierung des Vorderrades zur Folge. Es bleibt genau in der Mitte der Spurrinne.

Dünenfahrten per Motorrad, ein Erlebnis das süchtig macht: Mit einer kräftig motorisierten Maschine, etwas Schwung und Überwindung des inneren Schweinehundes ist es möglich, selbst hohe und steile Sandberge zu bezwingen. Problematisch sind die scharfen Gipfelkanten vieler Dünen, die völlig unterschiedliche Sandfestigkeit von Luv- und Lee-Seite. Auf den windabgewandten Dünenhängen – oft nahezu senkrechten Steilwänden – ist der Sand meist nur ganz locker aufgehäuft. Schon zu Fuß versinkt man bis an die Knie. Beim Herunterfahren besteht die Gefahr, daß das Vorderrad regelrecht aufgesaugt wird, man einen Salto über den Lenker macht und hinterher das Motorrad ins Kreuz bekommt. Das zu verhindern kostet am Anfang immense Überwindung: Da ist man glücklich auf dem Kamm einer hundert Meter hohen Düne angekommen, schaut hinunter, und es sieht einfach beängstigend steil aus. Und nun muß man sich mit dem Motorrad regelrecht hinunterstürzen, Vollgas geben und blitzschnell die Gänge wechseln. Doch nur so kann man das bei Dünensteilabfahrten so gefährliche Einsinken des Vorderrades vermeiden.

Ausgedehnte Erg-Exkursionen sollte man nie alleine unternehmen. Es gibt keine perfekteren Irrgärten als solche »Dünenmeere«. Dünenfahrten per Motorrad sind von Faszination wie Risiken ein wenig dem Skifahren abseits der Pisten vergleichbar.

Orientierung auf Sahara-Strecken

Orientierungsmaterial:
Man hat sich verfahren – wohl jeder Motorradfahrer kennt das Gefühl von zu Hause: irgendwo und irgendwann falsch abgebogen, zu weit gefahren, einen Wegweiser übersehen. Die Konsequenzen sind manchmal lästig und ärgerlich, können Streß und Hektik heraufbeschwören. Doch gefährlich, ja sogar lebensgefährlich, ist so etwas in der Regel nicht. Es sei denn, man befindet sich gerade auf einer Sahara-Reise.

Wer es schon erlebt hat, kennt dieses lähmende Gefühl, diese Mischung aus aufsteigender Panik und Ärger, wenn man plötzlich feststellt, daß Piste und Fahrtrichtung auf der Strecke geblieben sind. Meistens hat dann das Hauptspurenbündel einer kilometerbreiten Piste eine Kurve gebildet. Ganz unbemerkt, denn mit dem Motorrad fährt man auf ausgefahrenen und dementsprechend schlechten Strecken gerne am äußersten rechten und linken Rand.

Die einzig sichere Korrektur eines solchen Fehlers ist, den eigenen Spuren entlang zurückzufahren. Knappe Benzinreserven oder Angst vor dem Zurückfahren auf einem fahrtechnisch schwierigen Pistenabschnitt lassen jedoch auch den Gedanken aufkommen, eine Abkürzung zu wählen – nach dem Motto: Die Hauptpiste muß irgendwo dort drüben sein.

Solcher Leichtsinn endet immer wieder mit gefährlichen, nicht selten tödlichen Irrfahrten. Einige Dutzend so zu Tode gekommener Sahara-Touristen zählt die traurige Bilanz Algeriens jährlich.

Wichtigstes Orientierungsgerät ist der *Kompaß*. Er sollte wegen der Ablesegenauigkeit nicht zu klein, vor allem aber robust sein. Gute Kompasse sind flüssigkeitsgedämpft, Nadel oder Rosette sind auf einem polierten Stein gelagert. Eine Einstellmöglichkeit zum Ausgleich der sogenannten Kompaß-Mißweisung – sie beruht auf dem Unterschied zwischen dem magnetischen und dem tatsächlichen Nordpol – erspart die rechnerische Berücksichtigung dieses am Kartenrand angegebenen Fehlerwinkels. In der Zentralsahara beträgt er allerdings weniger als fünf Grad, ist also kaum größer als die durch die Skalengröße bedingte Ablese-Genauigkeit.

Für das Arbeiten auf der Karte ist es sehr praktisch, wenn der Kompaß auf eine Plexiglasplatte mit geometrischer Skala montiert ist. Er sollte außerdem über eine Peilvorrichtung zum Anvisieren entfernter Objekte verfügen. Nur so läßt sich die Richtung genau ablesen. Kompasse mit sogenannter Prismenpeilung sind am einfachsten zu handhaben, zugleich am besten ablesbar. Auch die althergebrachte Peilmöglichkeit über Kimme, Korn und Spiegel ist brauchbar, wenn der Kompaß insgesamt nicht zu filigran und die Ablesegenauigkeit damit zu grob ausgefallen ist.

Beabsichtigt man, die Hauptpisten zu verlassen, empfiehlt sich für den Fall eines Defekts an dem relativ empfindlichen Gerät die Mitnahme eines zweiten Kompasses.

Arbeitet man mit dem Kompaß, sollte man sich erst einmal etwa zwanzig Meter vom Fahrzeug entfernen, um durch das viele Metall bedingte Mißweisungen auszuschließen.

Für ambitionierte Querfeldeinfahrer – vor allem für Leute, die regelmäßig in die Sahara fahren – ist die Anschaffung eines *Satelliten-Navigationsgeräts* eine Überlegung wert. Mit einem solchen Gerät ist durch Anpeilung von Satelliten eine äußerst exakte Standortbestimmung möglich. Die bisherigen, mit dem 1967 von der US Navy freigegebenen »Transit-Satelliten-System« arbeitenden Geräte sind schon erstaunlich genau, allerdings nicht ganz einfach zu handhaben, zudem für Motorradfahrer – wegen der Antenne – zu groß. Doch sie kosten inzwischen deutlich unter 2500,– DM. Auf dem neuesten Stand der Technik sind die noch exakteren und äußerst einfach zu bedienenden Geräte, die mit dem neuen »GPS-Satelliten-System« arbeiten. Sie sind von den Abmessungen her auch für Motorradfahrer gut geeignet, allerdings mit rund 7500.– DM eine Anschaffung, die sich nur für echte Fans oder den professionellen Einsatz rentiert. Spezialisiert auf Verkauf und Beratung solcher Geräte – insbesondere für Sahara-Reisen   sind Expeditionsausrüster wie Därr/München und Woick/Stuttgart.

Selbst ein Satelliten-Navigationsgerät ist ohne detaillierte *Landkarte* nichts wert. Für Reisen auf unbefahrenen Pisten und Querfeldeinstrecken, aber auch schon für Abstecher von den Hauptrouten, sind die topographischen Landkarten des »Institut Geographique Nationale« (IGN) im Maßstab 1:200 000 unentbehrlich. Dieses hervorragende Kartenwerk basiert auf Luftbildern und deckt Nord-, West- und Zentralafrika ab. Aus demselben Verlag gibt es Karten im Maßstab 1:1 Million. Solange man im Bereich der gängigen Pisten bleibt, bieten auch sie ausreichende Auflösung. Die Standard-Karte für die Sahara kommt aus dem Hause Michelin. Es ist das Blatt Nr. 953, Nord- und Westafrika. Für den riesigen Maßstab von 1:4 Millionen ist diese Karte erstaunlich detailliert, zudem dank häufiger Überarbeitung recht aktuell. Als Planungsgrundlage ist die »953« ohnehin unentbehrlich.

Orientierungsprobleme auf der Piste
Der Verlauf aller Hauptpisten ist durch Steinpyramiden, Eisenstangen, T-Träger, Fässer, steinerne Wegweiser oder sogar manchmal Schilder mit Entfernungsangaben gekennzeichnet. Auch am Rande kilometerbreiter Transsahara-Routen hat man so immer einen guten Überblick über den Streckenverlauf. Fährt man wegen des im Bereich der Hauptspuren meist starken Wellblechs sehr weit außen am Rand der Piste, heißt es aufpassen, daß man eventuelle Kurven mitbekommt. Gerade an solchen Stellen fehlen oft einige Markierungen, sie sind umgefallen oder umgefahren. Hier läuft man Gefahr, in die falsche Richtung zu geraten.

Das Wissen, auf einer orientierungsmäßig scheinbar problemlosen Strecke zu fahren, sollte nicht zu leichtsinniger Fahrweise verleiten. Auch auf solchen Pisten muß man sich

Zeit für die Orientierung nehmen. Sinnvoll ist, schon vor der Fahrt kritische Stellen – oft sind sie in Streckenbeschreibungen erwähnt – zu kennzeichnen.

Abseits der Hauptrouten bestehen Pisten oft nur noch aus mehr oder weniger undeutlichen Spuren. Markierungen sind unregelmäßig oder gar nicht mehr vorhanden. Das Verkehrsaufkommen beschränkt sich auf wenige Fahrzeuge im Jahr. Hier wird man nicht selten mit unbeschilderten, in keiner Karte eingezeichneten und in keiner Streckenbeschreibung erwähnten Abzweigungen konfrontiert. Hier sind Pisten oft nur noch dünne Spurenbündel.

Gefährlicherweise führen viele dieser Minipisten nicht zu Siedlungen, Wasserstellen oder einem irgendwie lohnenden Ziel. Sie sind oft durch Militärkonvois, Schmugglerfahrzeuge, geologische Expeditionen und Versorgungsfahrzeuge von Ölbohrstationen entstanden, enden in verlassenen Camps oder laufen im Kreis.

An schwierigen Passagen, insbesondere in breiten Oueds, auf Schwemmtonebenen und im Gebirge, verzweigen sich viele Pisten in ein wahres Delta vom Hauptspurenstrang nicht zu unterscheidender Nebenpisten. Hier heißt es besonders aufpassen, daß man nach einer solchen »Umleitung« wieder zur Hauptpiste zurückfindet und nicht auf eine Abzweigung gerät. Überhaupt sind Kreuzungen, wie man sie in Europa kennt, in der Sahara selten. Meist zweigen schon lange, bevor die eigentliche Kreuzung kommt, zahlreiche Spurenbündel in spitzem Winkel ab.

Grundsätzlich empfehlenswert ist es, Orientierungspausen in regelmäßigen, nicht zu langen Abständen einzulegen, nicht erst dann, wenn man glaubt, sich verfahren zu haben. In stark zerklüftetem Gelände kann eine Standortbestimmung alle zehn Kilometer angebracht sein: Zuerst nimmt man eine grobe Standortbestimmung anhand Entfernung und Himmelsrichtung seit der letzten Orientierungspause vor. Danach sucht man zwei markante und auf der Karte sicher zu identifizierende Geländeerhebungen in der Umgebung aus und visiert sie mit dem Peilkompaß an. Entsprechend den abzulesenden Gradzahlen zeichnet man zwei Geraden auf der Karte ein. Der Schnittpunkt dieser Geraden ist der Standpunkt. Problematisch kann das Auffinden zweier Objekte der Umgebung auf der Karte werden. Man läßt sich hierbei nur allzu leicht verwirren und muß sich daher wirklich die Zeit nehmen, eine sichere Identifizierung durchzuführen. Im Zweifelsfall sollte man lieber den Standpunkt noch einmal wechseln, um einen besseren Überblick zu erhalten.

In völlig gleichförmiger Landschaft, beispielsweise Reg-Ebenen, ist eine genaue Standpunktbestimmung mit Hilfe von Karte und Kompaß nicht möglich. Die Überwachung des Kilometerstandes und der gewünschten Himmelsrichtung sind dann die einzigen Orientierungsmöglichkeiten.

Ist der Pistenverlauf nicht mehr eindeutig zu erkennen oder ganz verlorengegangen, wird man mit der orientierungsmäßig anspruchsvollsten Art des Reisens in der Sahara konfrontiert, dem Querfeldeinfahren.

Für Reisen in pistenlose Wüstengebiete sind Erfahrung aus vorhergegangenen Reisen auf unmarkierten Pisten, optimale Ausrüstung, topographisches Kartenmatierial, zwei Peilkompasse oder ein Satelliten-Navigationsgerät erforderlich. Dazu Benzin-, Wasser- und Essensvorräte mit großzügiger Sicherheitsreserve, also mindestens fünfzig Prozent mehr, als für dieselbe Distanz auf einer Hauptpiste erforderlich sind.

Insbesondere Motorradfahrer sollten wegen des vergleichsweise größeren Unfallrisikos vor ihrer Abfahrt eine Person, die von ihren Kenntnissen und Fähigkeiten her in der Lage ist, eine Rettung zu organisieren, über das genaue Abfahrtsdatum, die gewählte Strecke und den spätestmöglichen Termin der Rückmeldung (z. B. per Telex, Telegramm oder Telefon) informieren. Für den Ernstfall sollte man bestimmte Uhrzeiten vereinbaren, an denen Rauchpatronen oder Signalraketen abgebrannt werden.

Motorradfahrer sollten Extremstrecken immer im Konvoi von wenigstens drei Fahrern in Angriff nehmen.

Literaturauswahl

Sach- und Handbücher für Sahara-Reisen

Klaus Därr, »Transsahara«, Verlag Reise Know-How

Peter Dittrich, »Biologie der Sahara«, Dittrich-Verlag

Wolfgang Linke, »Orientierung mit Karte und Kompaß«, Verlag BusseSeewald

Hans Ritter, »Gesund reisen«, Verlag Conrad Stein

Thomas Troßmann, »Motorradreisen zwischen Urlaub und Expedition«, Verlag Reise Know-How

Reiseführer Algerien und Sahara

Erika Därr, »Marokko«, Verlag Reise Know-How

Ursula und Wolfgang Eckert, »Algerische Sahara«, Dumont-Verlag, Reihe »Richtig Reisen«

TCS/Därr, »Durch Afrika«, Verlag Reise Know-How

Landkarten

Michelin 953, Nord- und Westafrika, Maßstab 1:4000000

Michelin 172, Nordalgerien, Maßstab 1:1000000

Topographische Karten des »Institut Géographique Nationale«:

1) Maßstab 1:1 Million, etwa 30 Blätter

2) Maßstab 1:200000, mehrere hundert Blätter

Diese Karten sind einzeln im Fachhandel auf Bestellung oder bei spezialisierten Reisebuchhandlungen auch lagernd erhältlich. Die Karten im Maßstab 1:1 Million empfehlen sich für alle Arten von Sahara-Reisen. Die Karten im Maßstab 1:200000 sind nur für ausgefallene Unternehmungen abseits der Hauptrouten erforderlich.

ALLE TITEL DER REIHE
REISEN · MENSCHEN · ABENTEUER

ALLE TITEL DER REIHE
REISEN · MENSCHEN · ABENTEUER

WEITERE TITEL
ZUM THEMA
MOTORRADFAHREN

Hjalte Tin/Nina Rasmussen
Traumfahrt Südamerika
**Auf dem Motorrad und mit
Kindern von L.A. nach Rio**
320 Seiten, 48 s/w Fotos, 3 Karten,
Reisetips, DM 17,80
ISBN 3-89405-033-0

Dieter Kühnel
Rätselhaftes Indien
**Mit dem Motorrad durch das Land
der Bettler und Maharadschas**
220 Seiten, 66 s/w Fotos, 2 Karten,
Reisetips, DM 15,80
ISBN 3-89405-022-5

Hjalte Tin/Nina Rasmussen
Perestroika mit dem Motorrad
Vom Roten Platz zum Baikalsee
ca. 416 Seiten, 40 s/w Fotos,
10 Karten, Paperback DM 19,80
ISBN 3-89405-3

Dieter Kühnel
Motorrad-Odyssee
**Von Burma durch die Inselwelt
Südostasiens**
224 Seiten, 37 s/w Fotos, 1 Karte,
Reisetips, DM 15,80
ISBN 3-89405-023-3

Thomas Troßmann
Wüstenfahrer
**Mit dem Motorrad durch das Land
der Tuareg**
224 Seiten, 38 s/w Fotos, 1 Karte,
Reisetips, DM 15,80
ISBN 3-89405-040-3

Hjalte Tin/Nina Rasmussen
Motorradtour Singapur –
Australien
**2 Motorräder, 2 Kinder,
2 Erwachsene**
320 Seiten, 35 s/w Fotos, 1 Karte,
Reisetips, DM 17,80
ISBN 3-89405-043-8

Oluf Zierl
Highway-Melodie
**Mit dem Motorrad 20 000 km quer
durch die USA**
256 Seiten, 78 s/w Fotos, 4 Karten,
Reisetips, DM 15,80
ISBN 3-89405-037-3

 # REISEN · MENSCHEN · ABENTEUER

TITEL ZUM THEMA AFRIKA

Christine Cerny
Von Senegal nach Kenia
Schwarzafrika hautnah
320 Seiten, 64 s/w Fotos, 3 Karten,
Reisetips, DM 17,80
ISBN 3-89405-004-7

Richard und Nicholas Crane
Kilimandscharo per Rad
Mit dem Mountain-Bike auf den
höchsten Berg Afrikas
192 Seiten, 39 Farbfotos, 2 Karten,
DM 17,80
ISBN 3-89405-006-3

Wolf-Ulrich Cropp
Schwarze Trommeln
Auf Entdeckungsreise durch
Westafrika
256 Seiten, 56 s/w Fotos, 4 Karten,
Reisetips, DM 15,80
ISBN 3-89405-008-X

Patrice Franceschi
**Vier Männer gegen den
Dschungel**
Expedition zu den Pygmäen
320 Seiten, 47 s/w Fotos, 2 Karten,
Reisetips, DM 15,80
ISBN 3-89405-013-6

Helmut Hermann
Heiße Tour Afrika
Mit dem Fahrrad von Algier
nach Kapstadt
272 Seiten, 85 s/w Fotos, 3 Karten,
2 Tabellen, Reisetips, DM 15,80
ISBN 3-89405-016-0

Klaus Höppner
Cowboys der Wüste
Mit einer Kamelkarawane
durch den Sudan
192 Seiten, 62 s/w Fotos, 2 Karten,
Reisetips, DM 15,80
ISBN 3-89405-017-9

Thomas Troßmann
Wüstenfahrer
Mit dem Motorrad durch das Land
der Tuareg
224 Seiten, 38 s/w Fotos, 1 Karte,
Reisetips, DM 15,80
ISBN 3-89405-040-3

 REISEN · MENSCHEN · ABENTEUER

WEITERE TITEL ZUM THEMA NORDAMERIKA

Hans-J. Aubert/Ulf-E. Müller
Panamericana
Zwei Jahre auf der Traumstraße der Welt
224 Seiten, 85 s/w Fotos, 4 Karten, Reisetips, DM 15,80
ISBN 3-89405-002-0

Wolf-Ulrich Cropp
Alaska-Fieber
287 Seiten, 78 s/w Fotos, 3 Karten, 2 Skizzen, Reisetips, DM 15,80
ISBN 3-89405-007-1

Konrad Gallei/Gabi Hermsdorf
Blockhaus-Leben
Ein Jahr in der Wildnis von Kanada
224 Seiten, 32 s/w Fotos, 2 Karten, Reisetips, DM 15,80
ISBN 3-89405-014-4

Thomas Jeier
Am Ende der Welt
Bei den Eskimos am Polarkreis
224 Seiten, 44 s/w Fotos, 2 Karten, Reisetips, DM 15,80
ISBN 3-89405-018-7

Peter Jenkins
Das andere Amerika
Zu Fuß durch die Vereinigten Staaten
288 Seiten, 58 s/w Fotos, 3 Karten, Reisetips, DM 15,80
ISBN 3-89405-019-5

Dieter Kreutzkamp
Mit dem Kanu durch Kanada
Auf den Spuren der Pelzhändler
ca. 224 Seiten, 35 s/w Fotos, 1 Karte, Reisetips, DM 15,80
ISBN 3-89405-045-4

Oluf Zierl
Highway-Melodie
Mit dem Motorrad 20000 km querdurch die USA
256 Seiten, 78 s/w Fotos, 4 Karten, Reisetips, DM 15,80
ISBN 3-89405-037-3

 REISEN · MENSCHEN · ABENTEUER